내 아이에게 꼭 들려주고 싶은 이야기
공부마법사

머리말

요즘 서점에 가보면 공부에 관한 비법을 다루는 책들이 수없이 넘쳐난다. 많은 학부모들이 자기 자식이 남보다 더 공부 잘하고 뛰어나게 커 주길 바라는 마음에서 뭔가 좋은 방법을 찾아 모두가 동분서주 하고 있는 것이다. 그리고 이런 관심은 비단 학부모에 그치는 것이 아니라 학생이나 선생님, 심지어는 직장인들도 비슷한 이유로 서점 여기저기에서 새로 나온 책들을 뒤적거리고 있다.

하지만 세상에서 어렵고도 어려운 것이 자신이나 남을 변화시키는 것인지라 책을 읽고 나서 그러한 비법대로 제대로 실천한 사람은 100의 한 명, 1,000의 한 명도 되지 않을 것으로 안다. 대개 한 사람이 크게 도약하거나 변화하기 위해서는 그런 단순한 비법보다는 좀 더 특별한 힘이 작용해야 한다고 생각된다. 이 책에서 나는 인생의 어느 순간에 자신을 크게 일으켜 세우거나 또는 남을 일순간에 변화시키는 특별한 공부능력을 가진 내 주변의 친구나 지인들에 대한 이야기를 하고자 한다.

공부의 비법에 관한 대부분의 책들이 자신의 성공담을 자서전처럼 쓰고 있는데 반해 이 책은 내가 그러한 공부 고수들 옆에서 생활하며 관찰한 것을 바탕으로 되도록 객관적인 시각으로 기술하고자 하였다. 그리고 나는 이야기를 되도록 간결하고 사실 위주로만 기술하여 책의 부피를 최대한 줄이고 읽는 사람의 수고를 조금이나마 줄여 보고자 최대한 노력하였음을 밝혀 둔다.

부디 이 책을 읽는 모든 이의 인생에도 마법과 같은 기적이 일어나길 빈다.

차 례

머리말 3

첫번째 이야기 6
언어의 마법사
동시통역사 윤준필

두번째 이야기 38
죽음을 먹는 마법사
안전회계법인 상무 강상욱

세번째 이야기 60
휠체어를 탄 마법사
이름 모를 공무원

네번째 이야기 86
고시촌에서 가장 비싼 방
신림9동 구전

다섯번째 이야기 104
침묵의 마법사
예수, 이문영 고려대교수

여섯번째 이야기 140
병원에서 얻은 마법

일곱번째 이야기 168
비싼 값에 집중력을 사는 마법사들
황중연 판사외

여덟번째 이야기 184
수학을 버려야 생기는 수학마법

아홉번째 이야기 214
변신 마법
로열탱고하우스 대표 빅토리아

책이 나오기까지의 여정 244

첫번째 이야기

언어의 마법사

동시통역사 윤준필

대학생 시절에 중고등학생들을 상대로
과외 아르바이트를 하다보면 학생의 부모님들은
과외 첫날 나에게 하나같이 이런 말씀을 하였다.
"아휴, 우리 아이는 제 딴엔 열심히 해보려고 애도 쓰고
나름대로 성실한데 공부하는 방법을 모르는지
성적이 통 안 오르니 참 답답합니다.
그러니 부탁인데요,
선생님이 공부하는 방법 좀 가르쳐 주세요. 예?"
이런 말을 들으면 나는 이렇게 대답하곤 하였다.
"예, 잘 알겠습니다. 한 번 해보겠습니다.
공부하는 방법부터 차근차근 열심히 가르쳐 보겠습니다."
20년이 지난 지금 생각해 보면 그 학생을 위해
나는 '방법'이 아니라 공부를 위한 기초체력
즉 '능력'을 끌어올리는 일을
해야 하지 않았나 생각된다.
내 이야기는 그러한 능력들 중 '언어 집중력'에 관해
탁월함을 가진 윤준필 통역사에 대한
이야기로부터 시작된다.

마법사와의 만남

이야기는 2003년 어느 무더운 여름으로 거슬러 올라간다. 당시 전력거래소는 우리나라 전력시장(:전기를 사고파는 시장)의 거래시스템을 새로이 구축하는 사업을 하고 있었고 나는 이 사업의 핵심 부서인 '시장설계팀'에서 팀원으로 일하고 있었다. 이 팀의 일은 한마디로 증권거래소가 증권을 사고파는 것처럼 전기를 자유로이 사고팔 수 있도록 전력시장의 시스템과 거래 제도를 만드는 일이었는데, 몇 마디로 짧게 설명하기에는 좀 알아먹기 힘들고 뭐 좀 알기 쉽게 더 상세히 설명하게 되면 결국 듣지 않은 것만 못하다고 느끼게 되는 뭐 그런 좀 복잡하고도 전문적인 일 이었다. 그리고 그 일은 국가 프로젝트로의 일부로서 우리나라에서는 처음 시도하는 일이라 늘 외국의 유명 전문 컨설턴트 다른 말로 '코쟁이'들의 도움을 받아가며 진행되었다.

그 프로젝트는 1999년부터 시작되었으니 벌써 3년 넘게 수시로 그놈의 코쟁이들이 써준 꼬부랑 보고서를 힘겹게 읽어야 했고, 일주일에 두세 번 이상은 꼬박꼬박 이 코쟁이들과 미팅도 해야만 했다. 아시다시피(모르시는 분들은 죄송!) 코쟁이들과의 미팅이란 것이 내용의 70%를 이해하면 잘하는 것이고 잠깐만이라도 딴 생각을 하거나 방심하면 토끼와 거북이 이야기에서 한 숨

푹 자고난 직후의 토끼마냥 혼자 눈만 껌뻑 꺼리고 앉아 한 숨만 쉬어야하는 경우가 다반사였다. 사정이 이러하므로 공식적인 회의나 코쟁이들이 베풀어 주는 전문기술 전수교육 시간에는 늘 동시통역사들이 통역을 해주곤 했다.

당시 프로젝트는 워낙 대규모 사업이라 많은 통역사들이 참여하였다. 그런데 내가 그 팀에서 2~3년간 일하던 중 만난 여러 프로급 통역사 중에서 가장 뛰어난 통역사가 있었으니 그가 바로 윤준필 통역사 아니 윤준필 '마법사'였다 (나는 보통사람이 보기엔 마법처럼 보일 정도로 특별한 학습능력과 공부기술을 보유하신 분들을 '마법사님'이라고 칭하기를 좋아한다). 당시 그의 능력은 하도 특출해서 그야말로 '군계일학', 다른 통역사들은 도무지 근접하기 어려운 마법 같은 능력을 보유하고 있었다. 사실 그의 능력은 단순한 통역의 수준을 넘어선 어떤 '지존'의 경지라고 할 수 있었다. 당시 추진하던 프로젝트에서 통역을 해야 할 내용들은 전기에 관한 엔지니어 기술은 물론 산업에 대한 규제와 법률, 에너지의 거래 및 금융 등이 융합된 것으로 이 분야에서 한 가닥 한다고 하는 전문가들도 쉽게 이해하기 어려운 그런 내용이었다. 그런데 당시 윤준필 씨는 '일개' 통역사로서 당시 추진 중인 대형 프로젝트의 요소요소에 있는 난이도 높은 세부 사항을 전문가인 우리가 봐도 혀를 내두를 정도로 소상히 이해하고 있었다.

그럼에도 불구하고 늘 시간이 남아도는지 (우리들은 밤새 읽어도 따라가기 어려울 만큼 난해한 내용과 살인적인 업무량에 힘들어 하고 있는데도 불구하고) 중간 중간 자투리 시간에는 여유롭게 독서를 즐기고 있었다. 한 번은 내가 윤준필 씨가 무슨 책을 보고 있나 어깨너머로 쳐다보았는데 그는 '혼자서 요트를 만드는 방법'이라고 적힌 두꺼운 원서를 읽고 있었다. 그래서 내가 왜 그런 책을 보냐고 물었더니 시간이 남고 심심할 때 한 번 따라해 보고 싶어서 그런다고 했다. 그 말을 들었을 때 당시 나는 문득 다음과 같은 생각이 떠올랐다. '아, 이 사람은 우리와 같은 프로젝트에 속해는 있지만 우리와는 차원이 다른 세상에서 저 나름대로 인생의 여유를 즐기면서 살아가고 있구나'라고 말이다. 그 당시 나는 쏟아지는 영문보고서를 검토하느라 능력의 한계를 절감하고 있었기 때문에 윤준필 씨의 그런 모습은 정말이지 부러웠으며 한편으로는 아름다운 모습 그 자체였다.

또한 외국인과 회의를 할 때면, 보통의 다른 통역사들의 경우 내가 질문한 내용이 좀 긴 경우에는 어느 정도 생략할 것은 생략하고 요약할 건 요약해서 전달하는 경우가 많은 데, 윤준필 씨는 질문한 말이 아무리 길어도 내가 한 질문의 모든 내용을 처음부터 끝까지 하나도 빠짐없이 그대로 통역한다는 것이었다. 어쩔 땐 내가 질문하고도 내가 너무 길게 말해 기억이 가물가물한 경우에도 어김없이 정확하게 통역을 해 주었는데 정말이지 비범하기 짝이 없었다.

어느 하루는 회의실에서 여러 통역사들이 모여 회의하는 것을 참관한 적이 있었는데, 나는 회의 분위기를 통해 다른 사람들이 윤준필 씨의 통역과 영어 능력을 각별히 높게 인정하고 있는 사실을 쉽게 파악할 수 있었다. 회의하는 내내 사람들은 윤준필 씨가 가진 노하우와 정보를 조금이라도 더 얻어내려고 애쓰는 것 같았다. 그리고 또 한 가지, 윤준필 씨는 통역 기법과 전문기술에 대해 주기적인 미팅을 통해 다른 통역사들을 교육시키고 있다는 사실도 알게 되었다. 한 마디로 그날 나는 윤준필 씨가 가진 탁월한 능력을 객관적으로 확인할 수 있었다.

하지만 그날 이후 나에게는 한 가지 호기심이 생겼다. 아니 다른 통역담당자들도 동시통역대학원을 나왔거나 외국에서 오랫동안 살다가 온 영어 전문가들인데 왜 하필 윤준필 씨만 그런 특출한 능력을 발휘하는 것일까? 당시 나는 외국인과 프로젝트를 수행 중이라 나름대로 영어 능력을 향상시키고 싶은 욕구가 강했던 이유도 있었고, 또한 타고난 성격 자체가 궁금한 것은 끝까지 알아내어야 적성이 풀리는 편이라 윤준필 씨의 영어 능력, 나아가 그러한 놀라운 학습능력의 뿌리는 도대체 무엇일까? 하는 궁금증은 날이 갈수록 증폭되었다.

마법사는 마법주문을 쉽게 가르쳐 주지 않는다

그러던 어느 날 업무시간이 거의 끝날 무렵, 나는 윤준필 씨에게 다가가서 자연스럽게 던진 질문인 척 하며 이렇게 물었다.

"윤준필 씨, 어쩌면 그렇게 통역을 잘 하세요? 혹시 무슨 비법이라도 있나요? 아니면 우리가 퇴근한 후 혼자서 별도로 스터디 하시는 거 아니에요?"

하지만 이에 대해 윤준필 씨가 나에게 한 말은 영어나 통역을 잘하는 비법에 대한 설명이나 힌트가 아니라 생뚱맞고도 다소 엉뚱한 질문 하나였다.

"제가 통역사라서 이 회사 저 회사 많이 돌아다니는데, 어느 회사든지 꼭 능력자가 한 분씩은 있게 마련이더라구요. 이 회사는 누구시죠?"

처음에는 그 말이 무슨 뜻인지 알아내지 못해 어리둥절했으나 잠시 후 몇 분간 대화를 나눈 다음에야 나는 윤준필 씨가 우리 회사에서 관상이나 손금 같은 것을 잘 보는 사람을 만나고 싶어 한다는 것을 알아차렸다. 통역사란 직업 자체가 이리저리 떠도는 직업이다 보니 회사에서 사적으로 누구랑 진지하게 대화를 나눌 수 있는 기회가 별로 많지 않아서 그런 건 지 아니면 운세 보는 거 뭐 이런 것에 원래 관심이 많은 건 지, 또 아니면 당시에 집안에 좋지 않은 일이 있어 답답한 마음을 해소하고 싶어서 그런 건 지, 아직까지도 그때 그가 왜 그런 질문을 나에게 했는지는 알 수는 없다. 하지만 다행히도 그 질문으로 인해 나는 윤준필 씨에 대해 좀 더 파고들 수 있는 기회를 잡게 되었다.

대학시절 나는 군(軍) 입대를 두어 달 앞두고 고향 삼천포에 내려가 지낸 적이 있다. 그 때 난 군대에 들어가기 까지 시간도 때울 겸 해서 조그만 시립도서관에 틀어앉아 손에 잡히는 데로 책을 읽었는데 그 때 다행히 손금에 관한 책을 두세 권 흥미롭게 탐독 하였던바 손금에 관한 지식은 어느 정도 있는 터였다. 나는 그러한 손금에 관한 나름의 지식을 십분 활용해서 윤준필 씨에게 이런 저런 재미있는 이야기를 몇 개 해주었고 윤준필 씨는 나와의 대화에 차츰 흥미를 느끼며 빠져드는 것 같았다. 그리고 대화 끝머리쯤에는 같이 가까운 찻집으로 옮겨서 좀 더 진지한 대화를 나눠 보자는 쪽으로 결말을 맺었다. '앗~~싸!'

마법사의 특이한 족보

윤준필 씨와 내가 이야기를 나눈 곳은 회사에서 가까운 삼성역 근처 어느 오래된 전통찻집이었다. 통통한 볼 살에 약간은 거칠고 가무잡잡한 피부, 그리고 타고난 반곱슬의 머리카락. 그를 그렇게 가까이서 마주 본 것은 그 때가 처음이었다. 그동안은 회의실이나 세미나와 같은 공식적인 자리에서만 만나다 보니 약간은 프로답고 그래서 더 차갑고 멀게만 느껴졌었는데 그를 이렇게 가까이 마주앉아 이야기하다보니 아는 것도 많고 박식하지만 한편으로는 자유분방한 그의 성격과 진면목을 확인할 수 있었다. 우리는 그 날 신문지상에서 화제가 되고 있는 몇몇 시사거리와 주변의 친한 친구녀석 이야기등으로 한참을 즐거운 시간을 보냈다. 그리고 나는 틈틈이 내가 알고 있는 손금지식으로 그의 운세도 봐주었고 간혹 농담도 섞어가면서 이야기의 흥을 더 돋구기도 하였다.

시간은 흘러 이야기가 어느 듯 중반에 접어들 무렵이었다. 나는 마음속에 감추어 두었던 궁금증을 풀어놓았다. 나는 '윤준필 씨 당신의 탁월한 영어실력과 능력의 원천이 무엇인지 궁금하다'라는 질문을 하게 된 것이다. 그런데 이런 나의 질문에 윤준필 씨는 대답은 하지 않고 그저 고개를 돌려 멀리 창밖을 잠시 쳐다보더니 낭랑한 목소리로 내 질문에 대한 답인지 아닌지 갑자기 자신의 과거사를 늘어놓았다.

그의 이야기는 자신이 대학을 졸업하고 외국어대 동시통역대학원에 입학한 것부터 시작되었다. '외국어대학 동시통역대학원'. 나도 그 대학원에 대해서는 이전부터 익히 들어 알고 있었던 바인데, 학창시절 친했던 노문학과 선배의 말로는 입학할 때부터 이미 영어시험 점수가 아주 높은 사람들이 선발되고 또한 다른 일반 대학원과는 달리 거기서 제대로 졸업하기도 상당히 어렵다는 사실이다. 그런데 윤준필 씨의 이야기를 요약하자면 대학원을 다닐 때 남들은 낑낑대며 힘들게 학교생활을 했을지 모르나 자기는 별 어렵지 않게 설렁설렁 다녔다고 한다.

그리고는 대학을 졸업하고 동시통역사 자격을 취득한 후 잠시 고향 집에 돌아와서 여가를 즐기고 있었는데, 어느 날 우연히 집안의 허름한 장롱 구석진 곳에서 그 간 자신이 한 번도 본적이 없던 가문의 족보를 발견하였다고 하였다. 그래서 내 조상은 그 옛날 무슨 일을 하던 분들이었을까 하는 생각으로 족보의 한 페이지 한 페이지를 넘겼는데 어느 순간 숨이 멎어 버릴 것 같은 오싹한 기분을 경험하였다고 한다. 알고 보니 윤준필 씨의 증조부터 3대 위의 조상님들이 모두가 조선시대 때 역관을 지내신 분들이었던 것이다. 요즘이야 워낙 글로벌 시대라 온 국민이 영어를 배우고 또한 통역대학원도 여럿 개설되어 있어 우리나라에는 수많은 통역사들이 활동하고 있지만 그 옛날 조선시대 때에는 통역을 하는 사람이 우리나라 전체에서 몇 명이나 있었을까 하는 생각을 해보면 윤준필 씨는 뼛속 깊이 통역사의 피를 타고난 것이 틀림없었다. 그동안 본인은 그러한 조상의 내력을 한 번도 들은 적이 없었고 그저 나름대로 좋아하는 일을 자유롭게 선택하였을 뿐인데, 그 길이 결국은 조상님들이 걸어간 길과 같은 길이었다는 사실을 알고서 충격을 받았다고 한다. 그리고 이 사건을 계기로 자신이 살아온 날들을 다시금 되짚어보고 인간의 삶과 존재에 대해 많은 생각을 하게 되었다고 한다.

 나는 이런 윤준필 씨의 이야기를 흥미롭게 들으면서

시간가는 줄 모르고 넋을 놓아버리게 되었고, 이야기에 너무 몰입한 나머지 그만 처음 내가 물어본 질문 즉 윤준필 씨만의 특출 난 영어능력, 학습능력은 어떻게 길러졌는지에 대한 것은 까맣게 잊게 되었다.

그러던 중 시간이 한 참 흘러 '이제 그만 들어 가봐야겠다'는 그의 말에 아뿔사~~! 나는 다급히 목소리를 가다듬고 진지한 듯 그의 학습 노하우, 영어능력 레벨업 비법을 가르쳐 달라고 간청하였다. 하지만 그는 다음과 같은 답답하고 애간장 타는 차가운 멘트만 남기고서 핸드폰을 챙겨 부랴부랴 자리를 뜨고 말았다. 마지막으로 남긴 그의 말은 다음과 같다.

"내가 지훈씨에게 저기 보이는 관악산으로 가는 길은 가르쳐 줄 수는 있지만 강제로 당신을 끌고 갈수 없는 것처럼 이런 마법(?)을 체득하는 방법을 당장이라도 말해 줄 수는 있지만 당신은 십중팔구 이 방법대로 하지 않을 것입니다. 이것이 바로 사람들에게 내가 마법에 대해 말하지 않는 이유랍니다."

헐. 차라리 말을 하지나 말지. 이게 무슨 다된 밥에 재 뿌리는 황당 시추에이션이란 말인가? 초반도 아니고 마지막에 일어서면서 이런 말을 하면 도대체 난 어쩌란 말인지. 기분은 꿀꿀하기 그지없었고 순간, 나는 아이고! 오늘 밤 잠자리는 편치 않겠구나'라고 직감하였다. 그리고 실제로 그날 밤 잠자리에 누웠을 때 그가 한 마지막 멘트를 곱씹으며 이 생각 저 생각에 골몰하느라 나는 쉽사리 잠을 이룰 수가 없었다. 가르쳐 줄 수 있지만 내가 하지 않을 거라니. 나 참. 그 수련 방법이 그리도 힘든 거란 말인가? 아니면 수련하는 기간이 너무 길거나 어릴 적부터 수련해야만 터득되는 뭐 그런 거라서 즉 나이를 너무 많이 먹어버린 나는 도전해 봤자 할 수가 없다는 것인지. 아니면 수련을 위해서 고가의 장비나 수업료가 필요해서 회사원인 나로서는 감당하기가 어려워서 그런 말을 한 건지. 나는 좀처럼 윤준필 씨의 마지막 대사의 진의를 파악할 수가 없었다. 하지만 한 참을 이리저리 뒤척이던 나는 '가르쳐 줄 수도 있지만'이라는 약간의 희망 섞인 문구를 위안의 베개로 삼아 겨우 눈을 부칠 수 있었다. '그래, 나에게는 내일이 또 있지 않은가?' 뭐 그 사람이 내일 갑자기 어디로 떠나는 것도 아니고….

마법을 보다

다음 날 아침, 나는 회사에 출근하여 커피 한 잔을 뽑아 들고선 사무실 중앙에 놓여 있는 회의 탁자위에 펼쳐진 신문들의 헤드라인을 훑어보며 윤준필 씨를 기다리고 서 있었다. 그런데, 출근시간인 9시를 지나도 그는 나타나지 않았고 점심 때까지 그의 소식을 아는 사람은 아무도 없었다. 나는 혹시 그가 맡은 프로젝트를 그만두고 다른 곳으로 일자리를 옮기지 않았을까 하는 걱정에 조마조마 한 마음이 들었다. 그렇다. 그들은 프리랜서로서 나처럼 직장을 평생 한 곳에서만 밥벌이해야 하는 그런 것으로 여기지 않을 수도 있다. '아~ 상황이 해괴하게 돌아가는 건 아닌지' 내심 불안한 마음 감출길이 없었다. 머릿속에 태산보다도 더 큰 의문점을 던져놓고 휙 어디론가 사라져 버린다면 정말 큰 일 인 것이다.

다행히도 점심시간이 지나자 그는 약간 초췌한 얼굴을 한 체 사무실로 터벅터벅 걸어 들어왔다. 알고 보니 어린 딸아이가 감기에 걸려 병원에 다녀온 것이었다. 다행이었다. 그렇긴 하지만 상태가 안 좋은 사람한테 성급히 달려가 어제 물었던 거 다시 물어보기도 그렇고 해서 나는 당분간 그 질문은 하지 않기로 마음먹었다. 오후에는 Peter Egar라는 호주 에너지전문가가 에너지시장 설계 노하우를 우리 회사 관련 직원에게 전수해주는 교육이 있었고, 윤준필 씨는 그 때에도 평소와 다름없이 통역을 맡는 등 자기 본분을 다하고 있었다.

그런데 그날 교육은 예상보다 빨리 끝났고 다들 지하 2층 교육장에서 사무실로 곧장 이동하지 않고 교육생들끼리 서로 담소를 나누며 휴게실에서 쉴 수 있는 약간의 여유 시간이 있었다. 마침 윤준필 씨는 또 다시 나와 함께 커피를 홀짝거리며 어제 아기가 아파 응급실에 갔던 것과 출근길 교통체증 이야기 등 이러저러한 잡담을 나누었는데 이야기 도중에 나는 그만 또 다시 어제 하다만 몹쓸 놈의 질문을 하고 말았다. 사람이란 게 한 번 생긴 호기심을 쉽게 억누르기가 여간 어려운 것이 아닌가 보다. 나의 갑작스런 질문에 그는 아침에 머리를 감지 않았는지 약간은 지저분한 특유의 곱슬머리를 한 손으로 살짝 걷어 올리더니

"지훈씨, 저기 저 쪽 책상위에 놓여 있는 일간 신문 한 부만 가져와보세요"라고 말하였다.

나는 아무 생각 없이 책상위에서 신문 중 가장 가까이에 놓여있는 동아일보를 그에게 가져다주었고, 그는 내가 건 낸 신문을 받아 들고선 신문기사 하나를 읽어 내려가기 시작하였다. 기사를 약 이삼십 줄 쯤 읽더니 그는 나에게 읽던 신문을 다시 건 내 주며 자기가 읽

은 그 신문 기사 내용을 한 번 말해 보겠다고 했다. 나는 아무생각 없이 신문을 받아들고서는 이 양반이 무슨 짓을 하나하고 지켜보았다. 그리고 잠시 후, 나는 한 동안 아무 말 없이 온 몸이 굳어버린 체 넋을 놓고 서 있을 수밖에 없었다. 어느 여가수의 노래 가사말 '총 맞은 것처럼~~' 말이다.

 그는 짧은 순간에 그 많은 문장들을 순서 하나, 조사 하나 틀리지 않고 그대로 암송한 것이었다. '도대체 이 사람의 머리는 무엇이란 말인가? 인간이 녹음기나 컴퓨터도 아닐 진대 그 길고 긴 내용들을 단 번에 그렇게도 정확히 암기할 수 있을까? 이 사람은 타고난 통역사란 말인가' 윤준필 씨의 능력에는 그야말로 상상을 초월한 그 무엇이 있었으며, 가히 존경해 마지않을 수 없는 그런 경지의 무언가가 있었다. 아무튼 특별한 암기력임에는 틀림없었다. 그런데 왜 이런 쇼(?)를 내게 보여주는 것일까? 특이하고 특별한 능력에 순간 놀랐지만 잠시 후 나는 이런 생각이 들었다. 이것이 바로 그가 그동안 보여준 탁월한 통역능력과 학습능력의 근원이란 말인가? 남들이 도저히 따라할 수 없는 그런 타고난 암기력이 내가 가진 그 의문의 답이라면 보통의(?) 능력을 가진 일반인인 나 같은 사람은 배우려 해도 배울 수 없고 따라 하려고 해도 따라할 수 없는 그런 것이 아닐까? 생각해보니 김이 확 빠지고 답답한 마음 이 들었다. '아~~! 될 놈은 되고 안 될 놈은 안 되는 더러운 세상!'

마법에 대한 이해

그 날 이후 윤준필 씨에게서 나는 틈틈이 그 날 그가 보여준 그 별난 능력에 대해 설명을 들을 수 있었고 그는 영어를 잘하고픈 나에게 약간 색다른 공부 방법, 아니 공부를 잘하는 '능력'을 배가시켜주는 길을 알려 주었다.

그가 내게 말해준 것을 요약하자면 두 가지 내용으로 분류할 수 있는데 첫째는 일반적으로 성인들이 외국어를 습득하기 쉽지 않는 이유에 관한 것이고 다음은 이를 극복하기 위한 훈련방법에 관한 것이다.

● **나이가 들어 영어(외국어) 공부가 힘든 이유**

대부분 어릴 때는 새로운 언어를 습득하는데 별 어려움이 없다. 하지만 적어도 보통의 사람들은 나이가 들면 새로운 외국어 하나를 습득하기가 여간 어려운 일이 아니다. 학원을 다니고, 영어방송을 듣고, 어학연수를 다녀와도 영어 성적이 잘 오르지 않는다. 그 이유 중 가장 중요한 것은 언어에 대한 집중력 내지는 언어 습득에 대한 집중력이 어릴 때에 비해 현격히 떨어졌기 때문이다[1]. 어릴 적에는 처음으로 배우는 언어가 마냥 신기했고 본능적으로 언어습득에 온 몸으로 집중을 하게 되지만 자라면서 더 이상 매일 매일 듣는 언어와 문장에 대해 집중할 필요성이 사라지게 된다. 왜냐하면 정황으로서 파악하고, 문맥으로 이해하고, 핵심적 키워드만 듣고 마는 경향이 점점 더 강해지기 때문이다. 그러므로 영어와 같은 외국어를 배우기가 점점 어려워지는 것이다. 비유하자면 어릴 적 우리의 언어 학습 뇌는 근육이 불끈불끈한 육체미 선수의 몸이었다면, 성인이 된 언어 학습 뇌는 비실비실한 약골의 몸이라고 할 수 있다. 여러분은 비실비실한 약골의 몸으로 무거운 역기를 드는 모습을 한 번 상상해 보라! 그 모습이 바로 영어 공부를 하는 자신의 모습이다.

물론 어리다고 해서 늘 언어에 대한 집중력이 높다는 말은 결코 아니다. 단지 성인에 비해 평균적으로 우월하다라는 것이다. 실제로 나는 주변의 초등학생이나 중고등학생의 언어 집중력 테스트(테스트 방법에 대한 내

---

[1] 물론 어릴 적에는 비단 언어학습 뿐 아니라 새로이 배우는 모든 것에 대한 호기심 내지는 신체적 적응력이 성인에 비해 높으며 자신이 가진 능력의 상당부분을 언어 학습에 할당하는 특성이 있다는 점을 부인하는 것은 아니지만 여기서는 성인이 되면서 우리가 점점 익숙해져 버린 모국어(한국어)에 대해 우리가 인식하는 것보다 훨씬 더 집중하지 않게 됨을 강조하고 있다.

용은 아래 참조)를 시행해 본 결과 개인마다 편차가 심하다는 것을 알 수 있었다. 그리고 내가 발견한 중요한 사실은 이러한 언어 집중력 테스트 결과가 좋은 학생일수록 대체로 학교성적이 높다는 것이었다. 물론 아직까지 많은 대상을 표본으로 체계적인 연구는 해보지 못했지만 최소한 내 주변 인물을 상대로 한 조사에서는 나름 유의미 한 결론이 도출되었다.

● **나의 언어집중력 테스트 해보기**

그렇다면 나의 언어 집중력은 어느 정도일까? 혹은 우리 자녀의 언어 집중력은 어느 정도일까? 이를 간단히

테스트 할 수 있는 방법을 소개하면 아래와 같다.

　예를 들어 엄마가 학생(자녀)을 테스트하는 경우를 가정하자. 일단 신문 한 부를 미리 준비하고,(테스트 대상이 어린이의 경우 어린이 신문이 좋을 것이다) 엄마와 학생이 식탁이나 거실에 마주앉는다. 그리고 엄마는 준비한 신문의 사설이나 메인 기사 중 하나를 선택하여 기사의 첫 문장을 평상시의 속도로 읽는다. 엄마의 신문 읽기가 끝나면 곧 바로 학생은 신문을 보지 않고 엄마가 읽어준 문장을 그대로 따라 말해 본다. 학생의 따라 하기가 끝나면 엄마는 학생이 문장의 몇 %를 정확히 따라 말하였는지 체크한다 (이 경우 주의 할 점은 사용할 기사는 되도록이면 메인 기사나 사설을 선택하는 것이 좋고[2], '정확히 따라한다'는 것의 기준은 문장의 순서나 조사 어느 하나도 틀림없이 따라한다는 것을 말한다). 체크 후에 곧바로 그 다음 문장을 위와 똑 같은 방법으로 테스트 한다(신문읽기 → 따라 하기 → 체크하기). 이런 식의 테스트에서 학생이 여러 번 별 어려움 없이 정확히 따라 할 경우, 이제는 한 문장이 아니라 두 문장을 합쳐

---

[2] 신문의 메인 기사나 사설을 선택하는 이유는 어느 나라든지 그 나라 언어 표현 중 가장 표준적이고 정확한 문장을 대변하는 것이기 때문이며, 또한 동화책 같은 평이한 이야기를 나열한 문장을 선택하는 것보다 새로운 정보나 날짜, 숫자 등이 복합적으로 들어있는 문장으로 테스트하는 것이 학습능력을 평가하는 데 더욱 더 적절하기 때문인데, 주로 메인기사나 신문사설의 경우가 이에 적합한 경우가 많다.

서 즉 연속하여 읽어 주고 학생이 잘 따라 말할 수 있는지 테스트 해 본다. 이것도 별 어려움 없이 정확히 따라 할 경우 점차적으로 한 번에 따라 읽는 문장의 수를 늘려 보고 평균적으로 몇 문장 정도를 한꺼번에 따라 할 수 있는 지 측정 해 본다.

만약 상황이 여의치 않아 위와 같이 둘이서 테스트 할 수 없는 경우에는 TV를 이용하는 방법도 있다. 그것은 뉴스 방송에서 앵커가 설명하는 말을 듣다가 문장이 끝나는 순간 리모콘의 소리 없애기 버튼(보통 'Mute'나 '조용히'라고 씌어있는 버튼)을 누르고 직전에 앵커가 말한 내용을 그대로 따라해 본다. 물론 이 방법은 신문을 가지고 둘이서 하는 방법보다는 결과를 체크하기도 쉽지 않고 방송 중 테스트에 적절한 부분은 띄엄띄엄 있으므로 강추하는 방법은 아니지만 혼자서 자신의 능력을 나름 체크해 볼 수 있는 좋은 방법이다.

아무튼 상기와 같은 방법으로 테스트한 결과 평균적으로 한 문장을 정확히 따라하지 못하는 경우(나는 주변의 여러 학생들을 테스트 해본 결과 절반 이상의 경우가 한 문장을 정확히 따라하는데 큰 어려움을 겪었다)에는 언어에 대한 집중력이 상당히 저하된 상태라고 판단할 수 있으므로 훈련을 통해 집중력을 향상시키는 것이 필요하다고 본다. 한편 세 문장 정도까지 원활하게 따라할 경우 언어 집중력이 상당히 높은 경우라고 볼 수 있으며 이 경우에는 보다 높은 단계로 언어 집중력을 끌어올리기 위한 훈련을 해보는 것을 추천한다.

● **언어 집중력이 왜 중요한가?**

그렇다면 위와 같은 테스트의 결과가 왜 중요한가? 이에 대한 이야기에 앞서 요즘 학생들이 점수를 올리는 데 혈안이 되어있는 토익시험을 예로 들어 보자. 토익시험의 듣기평가 문제는 짧게는 문장하나, 길게는 수십 개의 긴 문장을 들려주고서 이를 얼마나 잘 기억하고 이해하는 지를 보는 것이다. 그런데 곰곰이 생각을 한 번 해보라. 한국말로 1~2 문장을 듣고 이를 잘 기억하지 못하는 사람이 어떻게 영어로 된 긴 내용을 듣고 기억하여 해당 질문에 답할 수 있단 말인가? 어불성설이라고 할 수 있다.

물론, 이러한 언어 능력이 선천적으로 뛰어난 사람들이 있다. 내 주변에도 토익을 특별히 공부하지 않았음에도 점수가 거의 만점 수준에 오르고 토플실력도 상당한 이가 두 명[3] 정도 있다. 그런데 이런 사람들의 공통된 특징은 특이하게도 영어 뿐 아니라 한국어 실력도 출중하다는 점이다. 한국어 실력이 출중하다면 좀 이상하게 들릴지 모르지만 이들이 프리젠테이션을 하거나 회의시 자기 주장을 발표하는 것을 유심히 살펴보면 보통 사람과는 구별될 정도로 수려하며 긴 복잡한 형식의 문장들을 논리정연하고 유창하게 스피치하고 있다는 것을 알 수 있다. 그냥 짧은 문장 하나 하나를 떠듬떠듬 간신히 이어가는 사람들과는 확연히 구별되는 그 무엇이 있다고 할 수 있다. 이들의 사례를 보면 단순히 영어를 잘 하는 것을 목표로 삼는 것도 필요하지만 언어 능력을 전반적으로 끌어 올리는 연습이 필요하다는 것을 절실히 느끼게 된다.

언어 집중력의 또 다른 중요성은 책을 통해 공부를 할 때도 드러난다. 많은 학생들이 교과서를 읽을 때면 한 페이지 전체를 단번에 쭉 읽어 내려가지 못하고 두세 줄 정도 읽다가 다시 되돌아가고 또 몇 줄 읽다가 다시 되돌아가는 경우가 있다. 이럴 경우에는 책 내용에 깊숙이 빠져들지 못하고 공부에 흥미를 붙이는 것도 어렵게 된다. 물론 시험 전날처럼 발등에 불이 떨어진 상황에서는 정신력 때문에 그 집중력이 높아져서 평소라면 며칠

---

3) 한 사람은 나와 같은 팀에서 근무한 적이 있는 채영진팀장이며, 다른 사람은 자산관리공사에 근무하는 김무성 팀장으로 나와 같이 서울대학교 행정대학원을 다녔다.

걸릴 공부분량을 반나절 만에 끝내버리는 슈퍼맨이 되기도 하지만 시험이 다 끝나고 나면 다시 평소의 모습으로 돌아와 버리고 만다. 사실 전국 각지의 도서관에 앉아 있는 수많은 학생들이 학습 분량을 빨리 끝내고 밖으로 뛰쳐나가고 싶어 하지만 약하디 약한 언어 집중력으로 인해 책의 다음 페이지를 쉬이 넘기지 못하고 책상에 엎드려 꿈만 꾸면서 청춘을 허비하고 있는 경우가 허다한 것이다.

또한, 그러한 집중력은 학교에서 선생님이 강의를 할 때 강의 내용을 잘 이해 한다는 지, TV나 라디오에서 흘러나오는 앵커의 말을 전 후 문맥을 잘 이해하면서 습득하는 능력에도 크게 영향을 미친다. 어떤 사람은 지금 말하고 있는 문장의 짧은 부분만 간신히 이해하면서 듣는 가하면 어떤 능력 있는 사람은 말하는 내용의 전후 좌우를 폭넓게 이해하면서 듣기 때문이다.

언어의 집중력은 발표력에도 영향을 미친다. 앞서 말한 바와 같이 언어 능력이 탁월한 저자의 두 동료의 경우 자타가 인정하는 프리젠테이션의 달인들이다. 자신이 하고픈 내용의 긴 문장이 머릿속에 자신 있게 정리되어 있는 경우와 그렇지 못한 경우는 발표 시 자신감의 크기는 물론 발표한 내용에 대한 전달력 측면에서도 다를 수밖에 없을 것이다.

● 언어 집중력 강화를 위한 훈련 소개

사전 이야기가 좀 길었다. 하지만 언어 집중력 강화를 위한 훈련법을 소개하자면 그리 복잡하지도 그리 돈이 많이 드는 것도 아닌 간단한 방법이다. 물론 방법은 간단하지만 윤준필 씨의 말처럼 이를 꾸준히 지속하기란 쉽지만은 않을 것임을 미리 말해둔다.

앞서 테스트한 방법과 유사하게 두 학생이 각자 신문 한 장씩을 들고 상대방이 읽어가는 기사를 듣고 그대로 따라 말하는 것이다. 처음은 1~2 문장씩 따라 읽다가 점점 분량을 늘려서 4~5 문장을 한꺼번에 따라 읽을 수 있을 때까지 매일 10-20분 정도 훈련해 보자.

사람마다 차이가 있겠지만 보통 초등학생의 경우는 약 3개월, 성인의 경우는 6개월 이상 훈련을 거치면 어느 정도의 큰 효과를 볼 수 있을 것이라 믿는다[4]. 또한, 이 훈련은 한글을 또렷하게 읽는 발음 교정 효과도 있으며, 둘이서 같이 하기 때문에 훈련하는 상대방과 우정도 더 깊어지는 일석이조의 효과도 있다.

---

[4] 윤준필 마법사의 경험에서 오는 이야기다.

그리고 만약 이러한 훈련으로 어느 정도 자신의 따라 읽기 능력이 업그레이드되었다고 느끼신다면 그 다음은 영자신문을 사용하여 앞서 말한 훈련을 똑 같이 반복해 보자. 이 때는 굳이 영자신문이 아니더라도 토익 문제집에 나오는 장문의 글을 이용할 수도 있을 것이다. 아마도 우리나라 신문의 따라 읽기가 완성된 분이라면 영자신문의 따라 읽기도 어렵지 않게 성공할 수 있을 것으로 생각한다. 물론 처음에는 익숙하지 않아 약간 어려움을 느낄 수 도 있으나 한글신문으로 시도할 때보다는 훨씬 더 짧은 기간에 성공할 수 있을 것으로 본다.

한글과 영어 신문의 따라 읽기가 끝난 다음은 조금 고급 단계의 능력자들이 도전할 만한 것으로서 통역이 가능한 수준으로의 도전이다. 방법은 앞서 말한 방법과 유사하나 이 번에는 한 사람이 한글 신문을 읽으면 다른 사람은 이를 듣고 그 내용을 영어로 말해 보는 것이다. 또한, 한 사람이 영자 신문을 읽으면 다른 사람은 이를 듣고 그 내용을 한글로 번역해서 말하는 것도 있다. 다만 이러한 훈련은 대입을 앞둔 수험생이나 바쁜 직장인이 하기에는 그 훈련의 소요기간이 너무 길고 활용도 측면에서도 그리 추천하지는 않는다. 그렇지만 친구끼리 재미삼이 한번 씩 시도해 보는 것도 나쁘지 않으리라 본

참고 Shadowing 학습법과 비교

앞에서 설명한 훈련법을 소개하고 나니 몇 년 전부터 학원가에서 유행한 쉐도윙 학습이 생각나서 이에 대한 것도 언급하는 것이 낫겠다. Shadowing 학습법은 Cherry[5]에 의해 언어의 학습에 관한 인지연구에서 사용되었다. 그 이후 국내외에서 많은 연구자들이 쉐도윙 학습법을 외국어 습득에 어떻게 적용할 수 있을 지에 대해 연구하였다. '쉐도윙 학습'이란 원어민 영어테이프를 틀어 놓고 테이프에서 말하는 원어민보다 약간 늦게, 그러나 거의 동시에 단어나 문장을 그대로 따라 말하는 방법으로 그 모습이 마치 그림자 같다고 하여 붙여진 이름이며, 모르는 단어가 있어도 구애됨이 없이 그 단어를 무시하고 계속 앞으로 나아가도록 하는 것[6]이다. 영어 학원가에서는 이러한 방법이 동시통역사들이 흔히 사용하는 학습법이라고 홍보하면서 관련 CD도 판매하고 학원에서 이를 훈련시키기도 한다. 관련 논문을 살펴보면 이러한 학습을 한 경우 영어발음이 개선되며 듣기평가 능력이 향상되는 것이 확인되었다고 한다.

하지만 쉐도잉은 주로 문장을 끝까지 모두 들은 후에 따라 하기 보다는 들은 내용을 거의 동시에 따라하며 한다는 점에서 주로 인간의 단기 기억이나 발음교정에 중점을 둔다는 점에서 차이가 있다. 물론 이러한 학습법이 전혀 효과가 없다는 말은 아니지만 앞에서 설명한 윤준필 씨가 소개해준 학습법과는 그 목적이나 방향에 있어 사뭇 다르다고 생각된다. 필자도 과거에 출퇴근을 하면서 라디오에 나오는 AFKN방송을 쉐도윙 기법으로 한동안 따라해 본 적이 있다. 결과적으로 리스닝 집중력이 어느 정도 향상되는 것을 확인할 수 있었다. 하지만 그 이후로 한동안 쉐도윙을 중단하여 지금 이 학습법이 어떻다고 확실히 말하기엔 자신이 없다. 요즘은 스마트폰으로 세도윙을 하는 어플도 있다고 하니 관심 있으신 분들은 한번 시도해 보는 것도 도 나쁘지 않겠다.

---

[5] 출처 : Cherry, E.C(1953), "Some experiments on the recognition of speech, with one and two ears, Journal of the Acoustical Society of American", 25
[6] 출처 : 박지연(2011), "중학생들의 그림자처럼 따라읽기를 이용한 영어학습의 효과", 인천대학교 교육대학원 석사논문

다. 혹시 아는가? 나에게 남들이 알지 못하는 엄청난 잠재력이 숨어있다는 것을 발견하게 될지.

유태인의 쉐마 교육법과 언어 집중력

앞 페이지에서 필자는 윤준필 씨의 훈련법과 유사한 쉐도잉 학습법을 간단히 소개하였다. 하지만 윤준필 씨의 마법과 유사한 것으로 나는 차라리 유태인의 쉐마교육법을 들고 싶다.

아시다시피 머리가 좋은 걸로는 유태인들 빼 놓을 수가 없다. 유태인들은 전 세계 인구의 0.2%정도에 불과하지만 100회 넘게 열렸던 노벨상 시상식에서 거의 매 회마다 유대인 수상자를 배출했으며 통계적으로 노벨상의 35%를 유대인이 받았다. 유태인의 이러한 탁월한 지적 능력의 이면에는 여러 가지 설명이 가능하지만(유전적 특성이나 신앙심, 교육법 등) 나는 그 중에서 유태인의 쉐마교육에 먼저 주목하고 싶다.

'쉐마'는 히브리어로 '들으라'는 뜻으로 성경(신 6:4~9 등)에서 "이스라엘아, 들으라……"라고 시작되는 문구에서 인용된 것인데 한마디로 유태인들은 신앙의 핵심이 되는 이 구절을 자녀들이 늘 암송할 수 있게 하는 것이다. 유태인들은 태어나면부터 어머니에게서 구약성경을 반복적으로 듣게 되며, 집안 곳곳 눈에 잘 뛰는 곳에 성경구절이 붙여져 있기 때문에 이스라엘 사람들은 대부분 자연스럽게 모세5경[7] 정도는 기본적으로 외우게 된다.

유태인들은 문장암기력이 매우 높다고 알려져 있는데, 아이들도 모세5경쯤은 거의 외우고 있으며 랍비의 경우 구약성경을 모두 외우고 있다는 사실만으로도 그들이 탁월한 문장암기력을 가지게 된 이유를 쉽게 짐작할 수 있다. 그리고 이러한 사실에서 우리가 주목해야 할 것은 그들의 단순한 문장암기력이 아니라 쉐마교육으로 인해 그들이 체득하게 된 놀라운 언어집중력일 것이다. 내가 앞에서 알려준 언어집중력 훈련을 단 한 번이라도 직접 해보신 분들은 느끼시겠지만 문장을 암송한다는 것이 참 쉬운 일이 아니다. 그런데 이들은 책 한 권 분량의 문장을 늘 머릿속에 짊어지고 살고 있는 것이다.

생각해보라. 사거리 신호등 앞에서 다음 신호를 기다릴 때 우리는 멍하니 하늘을 바라보지만 이들은 머릿속에서 그 길고 긴 모세5경을 암송하고 있을지도 모른

---

[7] 엄밀히 말하면 모세5경이 아니라 토라(Torah)라는 돌돌말이 종교·율법서 같은 것인데 여기에는 모세5경과 기타 이스라엘의 몇몇 고전이 들어있다. 좁은 의미로 토라는 모세5경만 일컫고 넓은 의미는 구전되는 이스라엘의 지혜를 포괄하기도 한다.

다는 사실을. 아마도 내가 만난 윤준필마법사도 이스라엘에 가면 그냥 평범한 옆 집 아저씨에 불과할 수도 있을 것이란 생각을 하면 정말 소름이 끼친다.

언어집중력 훈련의 효과 확인

나는 앞에서 말한 이러한 언어집중력 훈련을 실제 나와 주변에 적용해 보려고 몇 번 시도해 보았으나 그리 여의치 않았다. 이 훈련은 그다지 재미가 없고 또한 파터너쉽이 중요하여 누군가 마음이 맞는 사람과 짝을 이루는 게 중요하기 때문인데 이러한 파터너를 구하기가 쉽지 않았다. 그래서 일단 나와 내 처가의 여러 조카들 그리고 친구의 아이들을 대상으로 간단한 테스트를 해 보았다. 결과는 어떠했을까? 대부분 한 문장을 따라 하는 아이들이 드물었으며 공부를 잘하거나 평소에 책 읽기를 즐겨하는 아이들은 확실히 따라하는 문장의 단어 개수가 더 많았다. 그만큼 책이나 말에 집중을 더 잘한다는 의미로 해석된다.

    나는 누구와 이 훈련을 같이 해볼까 고민하다가 우선 초등생인 내 딸을 대상으로 시도해 보았다. 주로 조간신문에 끼어오는 어린이 신문의 메인기사를 가지고 하였는데, 처음부터 너무 긴 시간 훈련을 하면 아이가 지치고 흥미를 잃을까봐 처음에는 한 5분 정도 해 보았고, 일주일에 두 번 정도 놀이삼아 재미삼아 훈련을 하였다. 맨 첫날에는 한 문장에서 헤매 던 아이가 5~6차례 훈련하자 두 문장에서 세 문장을 따라 할 수 있게 되었으며 두 달이 지나자 네 문장까지 가능하였다. 한 번 훈련할 때 10분을 넘지 않는 적은 시간을 투자하였을 뿐인데 말이다. 그리고 그 이후에는 매주 주말마다 토요일에 오는 어린이신문 특집호를 가지고 훈련을 하였는데, 아이의 실력은 나날이 향상이 되어 참으로 신통방통한 수준까지 올랐다.

그런데 무엇이 달라졌을까? 이러한 훈련 이후 아이는 TV의 뉴스 내용이나 대하드라마 속의 길고 긴 명대사를 조사하나 틀리지 않고 그대로 따라하는 신기함을 보여 주었으며, 학교 국어시간에 시를 외우야 할 경우 남들은 한 개의 시도 못 외울 때 이 아이는 삽시간에 3개의 시를 다 외웠고 그래서 친구들에게 머리 짱 좋다는 칭송을 받아 우쭐하기도 하였다. 나는 우리 아이의 머릿속에 확실히 특별한 변화가 일어났음을 확인하였고 이러한 언어집중력의 향상은 또 다른 자기 계발의 첫 단초가 될 수 있다고 믿게 되었다.

책을 읽은 학부형들과 학생들도 꼭 한 번 따라해 보

시길 권한다. 물론 너무 무리하거나 스트레스 받으며 할 필요는 없다. 그냥 즐기면서 재미삼아 해보는 것이 좋을 것 같다. 세상에 언어집중력만이 전부는 아니니 말이다.

두번째 이야기

죽음을 먹는 마법사

안전회계법인 상무 강상욱

"열일곱 살 때, 나는 이런 식의 인용문을 읽었습니다.
'만약 당신이 하루하루를 마지막 날처럼 산다면,
언젠가 당신의 인생이 분명히 옳은 삶이 될 것이다.'
매우 인상적인 경구였고, 그로부터 33년간
매일 아침 거울을 보며, 내 자신에게 묻습니다.
'만약 오늘이 내가 죽기 전날이라 해도
나는 오늘 내가 하려 했던 일을 할까?
…(중략)…
내가 곧 죽을 것임을 기억하는 일은,
내가 큰 결정을 내려야 했을 때
중요한 판단 기준이었습니다…."

전 세계 IT업계의 큰 별이었던
스티븐잡스의 스탠포드대학 연설문 중 일부이다.
그가 이뤄낸 수많은 업적들이
어쩌면 매일 아침 하였던
죽음에 관한 사색의
결과였을 지도 모른다.

내 친구 상욱이

'연세대학교 경영학과 졸업, 공인회계사 합격, 현재 안진회계법인 상무' 이것은 내 불알친구 상욱이의 프로필이다. 그야말로 지금은 나름 잘 나가는 회계법인의 상무로 이름을 날리지만 사실 이 친구는 나와 마찬가지로 그야말로 깡깡 시골 출신. 한마디로 촌놈이다. 아니 뭐 촌놈이라고 출세하지 말란 법 어디 있냐고 하면 할 말 없겠지만 상욱이가 처한 교육여건과 환경이 어떠했는지를 알고 있는 나로서는 그가 헤쳐나간 과정과 이룩한 업적을 생각하면 참으로 대견하다는 생각이 든다. 그리고 또한 상욱이와 같이 공부하면서 겪었던 특별한 일화들도 떠오르는데 이 번 장에서는 그 중 기억에 남는 이야기 하나를 하고자 한다.

상욱이와 나는 경남 삼천포[8] 대성초등학교라는 소박하고 아담한 시골학교를 다녔다. 삼천포는 남해안에 자리 잡은 작은 시골 도시인데 그 중에서 내가 다닌 초등학교는 시내에 있는 다른 여느 초등학교에 비해 가장 작아서 한 학년 학급수도 3개 밖에 되질 않았다(당시 다른 초등학교는 한 학년이 10개 반이었다). 그리고 학교의 위치가 와룡산이라는 제법 우람한 산의 기슭 아래쪽에

---

[8] 지금은 사천군과 통합하여 '사천'으로 이름이 바뀌었다.

자리 잡은 시골마을 근처라 시내 초등학교를 다니던 아이들은 우리 학교 학생들을 약간 얕잡아 보았던 것으로 기억된다.

하루는 점심시간이 되어 대부분 아이들이 운동장에 나와 와글거리며 뛰놀고 있었다. 그런데 어느 순간 내 눈에 운동장 한가운데 서 있는 노루 한 마리가 들어 왔다. 하지만 이상하게도 수많은 학생들이 노루가 옆에 있다는 것을 크게 인식하지도 못하고 친구들이랑 하는 고무줄놀이나 공놀이, 그네타기에 그저 열중하고 있는 것이었다. 아마도 학교가 산기슭에 자리하고 있어서 산에 사는 노루가 산등성이를 타고 내려와 운동장으로 들어온 듯하였다. 그리고 노루가 옆에 거니는 것조차도 눈치채지 못 한 것은 어쩌면 그만큼 아이들이 순수하였기 때문이었을 수도, 아니면 친구들과 하는 놀이에 너무 집중하고 있었을 수도, 아니면 학교 안에 있는 동물사육장에서 나온 놈이라 생각하여 사육장 관리아저씨가 알아서 하시겠지 하고 생각하였을 지도 모른다. 물론 상황은 그리 오래가지 못하였고 누군가가 "야. 노루다!"라고 하며 고함을 지르자 모든 아이들이 노루를 쳐다보게 되었고, 그 순간 놀란 노루는 아이들 머리 위를 날아다니다 시피 점프면서 학교 밖으로 쏜살같이 나가 버렸다. 내가 다닌

대성초등학교는 그만큼 시골스럽고 아담한 학교였다.

가끔씩 찾아간 상욱이네도 전형적인 시골 풍경 그대로였다(얼마 전 방문 하였을 때도 뭐 그리 발전한 구석이라곤 보이지 않은 것 같았다). 상욱이네는 용두동이라는 마을에 위치했고 집에는 큰 축사가 딸려있었는데 축사에 놀러 가면 검정색 돼지들이 꿀꿀거리며 우리를 반겨주곤 했다. 그리고 가끔씩 상욱이의 아버지를 뵙게 될 때면 가축일을 돌보시다가도 하던 일을 멈추시고 "응 그래, 지훈이 왔나!" 라고 하시면서 늘 정겹게 반겨주셨다. 그리고 집 앞에는 적당한 크기의 밭이 하나 있었는데 그곳에는 늘 상욱이의 어머니께서 수건으로 햇빛을 가리고 쭈그리고 앉아 고랑을 일구고 계셨다. 한 마디로 상욱이네는 농사짓는 집안이었으며 상욱이의 형님 두 분과 여동생도 착하고 순한 시골사람의 전형이었다.

한편 초등학교 때 상욱이는 학급에서 분단장 정도를 할 정도였지만 그렇게 특출하게 공부를 잘하는 편은 아니었는데, 이상하게도 그의 성적은 중학교 시절부터 눈에 띄게 향상되어 중학교 2학년에는 삼천포에서 가장 큰 중학교인 제일중학교에서 전교 1등을 할 정도까지 우수해졌다. 상욱이와 나는 초등학교 1학년 때부터 삼총사라 부르며 어울려 다녔고, 중학교 때에도 주말이면 도서관에서 같이 공부를 하면서 많은 이야기를 나누었다. 하지만 당시에는 상욱이가 왜 그렇게 갑자기 성적이 향상되었는지에 대해 전혀 알지 못했다. 상욱이가 과외를 받은 것도 학원을 다닌 것도, 참고서를 새로 구입한 것도 없는 데 말이다. 우리 가족들도 상욱이가 전교 1등을 했다는 소식을 듣고서는

'참 기특한 놈일세. 그 집에서 그렇게 공부 잘하는 녀석이 나오다니 경사 났구먼. 경사야.'

하시며 놀라워 하셨다. 사실 상욱이의 형들은 당시 공업고등학교를 다니고 철물점을 운영하는 등 집안 환경이 그렇게 학구적이지는 않았다고 생각된다. 또 언젠가는 내가 상욱이의 집에 놀러갔을 때 상욱이는 엄마와 함께 책을 보고 있었는데 내가 뭐하는 것인지 물어보니 어머니가 한글이 좀 떠듬떠듬하여 가르쳐주고 있는 것이라고 했다. 그 시절에는 시골의 많은 어머니들이 초등학교를 간신히 졸업하거나 졸업하지 못한 경우가 많았으니 이러한 모습은 그리 특이한 경우는 아니었다.

죽음에 관한 상욱이의 특별한 경험

그렇다면 상욱이는 어떻게 해서 그렇게 갑자기 성적이 향상되었을까? 이 의문에 대한 답은 사실 상욱이가 나에게 여러 번 이야기 한 적도 있고 대학생이 되고나서 술자리에서도 한 번씩 꺼내 곤 하였다. 다만 나는 그 이야기가 공부나 성적과는 아무런 관련이 없는 것으로 여기고 무관심하게 흘려버리고 말았던 것 같다. 이야기의 내용은 자신이 어릴 적 겪은 어느 특별한 경험에 관한 것이었고 상욱이의 인생에서 있어 큰 전환점이 되는 아주 중요한 사건이었지만 나는 그러한 사건의 의미를 세월이 한참 지난 먼 훗날에야 비로소 깨달을 수 있었다. 하지만 당시 그런 이야기를 들었을 때 나는 '이 녀석은 왜 이토록 이상한 이야기를 나에게 계속하는지 모르겠네' 라고 생각했을 뿐이었다.

다음은 상욱이가 나에게 들려준 그만의 특별한 그 경험에 관한 이야기를 요약한 것이다.

「초등학교 시절 여름 어느 날의 일이다. 우리 가족은 더위를 피해 집 마당에 놓인 평상에 저녁 식탁을 차렸고 모두 평상에 둘러앉아 맛있게 식사를 하고 있었다. 어머니는 연탄불에 노릇노릇 구운 생선을 온 식구들에게 한 마리씩 나눠 주셨고 나는 상추쌈과 함께 접시위에 놓여있는 생선의 진한 맛과 향에 커다란 행복감을 느꼈다. 저녁 하늘은 조금씩 어두워지기 시작하였지만 식사를 못할 정도로 어둡지는 않았고 오히려 한 낮의 더위가 조금씩 가시기 시작하고 산들바람까지 살랑살랑 불어왔기 때문에 평상위에서 하는 식사는 한층 더 맛있었다. 한 마디로 뻥 뚫린 들판과 끝없이 펼쳐진 하늘이 모두 하나가 되어 나를 둘러싼 커다랗고 웅장한 우주가 새삼스럽게도 신비롭게 느껴졌으며 마치 우리 집 평상이 마치 그러한 우주 공간에 둥둥 떠 있는 듯이 생각되었다. 그런데 이러한 행복한 느낌도 잠시. 나는 불현 듯 주체할 수 없는 공포감을 느끼게 되었다. 그것은 바로 이렇게 모여 있는 온 가족들의 얼굴 하나하나가 언젠가는 모

두 사라져 버린다는, '짧은 인생' 다시 말해 '죽음이 그리 멀지 않음'에 관한 자각이었다. 물론 이러한 생각은 누구나 한 번쯤은 가질 수 있고 당연한 사실이자 진리였지만 나는 그 때 이러한 사실이 너무나도 생생하고 또렷하게 가슴에 다가와서 마치 내가 지금 죽음을 앞둔 사람처럼, 마치 그날이 내 부모와 형제의 장례식 날 인 것과도 같은 실감나는 느낌을 받았다. 아마도 이런 경험은 다른 사람들은 느끼기 힘든 특이한 경험이라고 나는 생각한다. 그 때 내가 받은 공포감은 말로는 표현할 수 없을 정도의 극심한 것이었으며 그날 이 후 나는 살아가는 내내 그 때 받은 느낌이 순간순간 내 눈 앞을 스쳐 간담이 써늘해 짐을 느낀다.」

상욱이는 위의 이야기를 통해 가장 친한 친구였던 나에게 무언가 중요한 메시지를 전하려 하였던 것 같다. 하지만 그는 이야기의 밑바닥에 있는 좀 더 근원적이고 구체적인 것을 조리 있게 내게 설명하지 않았고, 경상도 남자의 전형적인 특성상 자신의 내면적 이야기를 100퍼센트 곧이곧대로 까발리지 않았기 때문에 이 이야기를 들은 나는 어리둥절할 뿐이었던 것이다. 하지만 친구인 나에게 늘 무언가 의미 있는 자신의 경험을 진솔하게 말해주려고 노력했다는 점에서 나는 이 글을 통해 친구 상욱이에게 다시 한 번 감사의 뜻을 전하고 싶다.

내가 아는 상욱이는 초등학교 시절 그 특유의 경험 이후로 늘 죽음을 피부로 느꼈고 그것을 통해 마음을 다잡을 수 있었으며 누구보다도 철이 일찍 들었던 것 같다. 또한 그는 고등학교부터 대학교까지 고향을 떠나 하숙을 하며 생활하였는데, 객지 생활에서 접하게 되는 수많은 유혹을 물리쳤고 병약한 자신의 몸을 정신력으로 극복하면서 끈질기게 열공하여 당당히 명문대학에 합격하였으며, 공인회계사 시험도 패스하였다. 그의 공인회계사 시험 합격기는 옆에서 지켜보는 친구인 나에게는 나름대로 큰 감동이라 할 수 있었는데, 그의 합격은 고시공부 와중에 그렇지 않아도 양호하지 않은 체력에 심한 결핵까지 걸려 고생하면서 일구어낸 뜻 깊은 성과였다. 병으로 인해 바닥난 체력과 독한 결핵약 복용에 따른 소화불량으로 늘 고통을 겪는 상욱이를 보고 주변의 친구 모두가 '시험 합격이 중요한 것이 아니라 너 몸이 더 중요하다'라고 충고하며 고시공부의 중단을 권유하였지만 상욱이는 이를 악물고 공부에 매진하여 합격이라는 고지에 올라설 수 있었다.

혹자들은 공인회계사 합격이 뭐 그리 대수냐고 하겠지만[9] 누구든 저마다 주어진 조건과 상황이 다르기 때문에 남이 이룬 작은 성과가 알고 보면 힘겨운 사투의 결과이며 아낌없이 박수를 보내야 할 때가 있는 것이다. 헬렌 켈러가 이룬 업적이 평범한 능력의 사람에게는 별 볼일 없는 것일 수도 있지만 만약 나 보고 두 눈을 가리고 그렇게 살아보라 하면 그것이 죽었다 깨어나도 못할 일이 듯이 나는 상욱이가 이룬 업적이 비록 작은 언덕일지라도 그의 타고난 머리, 어릴 적부터 주어진 환경, 가지고 있는 기본적인 체력을 감안해 본다면 나는 그가 벌써 보통 사람이 오르기 힘든 높은 봉우리에 올라갔다고 평가한다. 그래서 나는 그를 자신 있게 '공부마법사'라고 칭하는 것이다.

특히 상욱이는 스티븐잡스의 스탠포드 명연설이 세상에 알려지기 수십 년 전부터 벌써 스티븐잡스처럼 매일 매일 죽음을 먹으며, 죽음을 영양분으로 삼아 남들보다 더 일찍 철이 들었고 남들보다 더 일찍 성숙해지고 남들보다 더 강한 끈기를 바탕으로 공부하는 과정에서 다가오는 여러 가지 어려움을 극복하였다는 점에서 비록 그가 내 친구이지만 그를 볼 때마다 존경의 마음이 우러나온다.

---

9) 출물론 90년대의 공인회계사 시험은 요즘보다 훨씬 어려워서 요즘의 행정고시나 사법고시 마냥 경쟁률이 아주 높았고 고시공부 기간도 아주 길었다.

**죽음을
먹는다는 것
독일까
약일까?**

그렇다면 상욱이와 스티븐잡스 같은 성공사례를 본받기 위해 과연 우리는 자녀들에게 죽음을 각인시키고 인생의 짧고 덧없음에 대해 머릿속에 커다란 방 한 칸을 마련해 주는 것이 현명한 일일까? 이에 대해서는 곧 바로 Yes!라고 답하기에는 좀 무리가 있어 보인다. 왜냐하면 죽음이란 개념은 인생의 가장 어두운 면이고 이 어두운 면을 머릿속에 항시 짊어지고 사는 생활이 과연 나의 자녀들에게 권할 만 한 것인지 확신이 서질 않기 때문이다. 물론 스티븐잡스는 훌륭한 위인임에는 틀림없고 전 세계 IT기술의 진보를 위해 큰 기여를 하였다는 것은 누구도 부인할 수 없지만 그렇다고 그의 삶이 마냥 행복한 것이었는지, 아니 행복이란 사치스런 표현을 쓰지는 않아도 그런 삶의 방식이 과연 우리 몸과 정신의 바른 성장을 위해 바람직한 것인지에 대해서는 쉽게 답할 수 없다. 왜냐하면 사람마다 처한 상황이 다를 수 있고 저마다의 정신적 상태가 다르기 때문이다.

그렇다면 '죽음의 마법'을 이용하여 스티븐잡스처럼 내 인생을 좀 더 의미 있게 살거나 나의 학습능력을 향상시킬 좋은 방법은 없는 것일까? 이에 관한 대한 답을 바로 내리기 전에 '죽음의 마법'과 관련된 사례를 찾아보면 몇 년 전 우리나라에서 유행하였고 논란이 되었던 '죽음 체험'을 들 수 있다. 여기서의 죽음 체험은 요즘 TV의 사건사고에서 가끔 등장하는 학생들의 기절체험이나 미신적 종교체험을 말하는 것이 아니라 'Pre-death Experience'라는 이름하에 외국에서 먼저 시작된 것으로서 마치 자기가 죽음을 맞이한 것처럼 관속에서 몇 분간 누워있는 체험을 말한다. 이러한 체험은 아마도 죽음을 목전에 둔 시기가 아니라 젊었을 적에 미리 죽음에 대해서 좀 더 진지하게 생각할 계기를 만들어 자신의 삶을 조금이라도 보다 값지고 보람 있게 살아보자고 하려는 시도인 것 같다.

하지만 이러한 체험은 그 본래의 의도는 좋을는지 모르지만 살아있는 사람이 관속에 들어간다는 것이 왠지 공포스럽게 느껴져 선뜻 시도할 용기가 나지 않는다. 더구나 성인들과는 달리 아직 인지능력이나 종교관이 성숙되지 못한 어린이나 청소년에게는 다소 위험해 보이기도 하며, 관속에 갇혀 있는 체험으로 폐쇄공포증이나 정신적 트라우마가 생길까 우려되기도 한다. 또한, 사람마다 그 종교관이 각기 달라 행사를 주관하는 단체의 종교관이 체험자 자신의 종교관과 배치될 경우 그 체험이 다소 부자연스럽고 거북하게 느껴질 수도 있어 행사의 교육적 효과가 떨어질 수도 있을 것이다. 물론 이 행사의 참여를 위해 별도의 비용과 신청이라는 별도 절차를 거쳐야하기 때문에 번거롭기까지 하며 혼자서 편하게 시도해 볼 만한 것은 아닌 것 같다.

그렇다면 내 친구 상욱이가 했던 '죽음의 마법'에서 우리가 배울 수 있는 교훈은 무엇일까? 죽음이란 단어에서 오는 무게감과 엄숙함이 너무나도 커 짤막한 글로 설명하기에 부담이 되는 것은 사실이다. 아무리 공부마법이 중요하다 하더라도 어찌 죽음을 가지고 섣부른 판단을 내리겠는가? 하지만 그나마 정답은 아닐지라도 정답에 비슷한 해법을 찾기 위한 노력의 하나로서 또 하나의 사례를 들고자 한다. 그것은 바로 이스라엘의 이야기이다.

제2차 세계대전이 발발하기 얼마 전 1933년, 나치는 자신의 꿈을 실현시키기 위한 일환으로 뮌헨 외곽에 다하우 포로수용소를 만들었다. 당시 사람들은 이 수용소가 (1945년 세상에 알려질 때 까지) 공장인지 농장인지 전혀 알지 못했다고 한다. 하지만 이곳에서는 유태인을 포함한 수많은 사람들이 영문도 모르게 잡혀 와서 무자비하게 죽는 끔찍한 일이 수없이 벌어졌는데, 독일에는 이와 같은 포로수용소가 150여 개나 더 있었다고 하니 참으로 놀라운 일이 아닐 수 없다. 이런 수용소 중에는 많은 사람들이 그 이름을 익히 알고 있는 최대 규모의 수용소인 아우슈비츠와 아우슈비츠와 함께 악명 높기로 유명했던 작센하우스 수용소등이 있다.

 각 수용소들은 아직도 역사 유적지로서 잘 관리되고 있는데, 수용소에 들어서면 제일 먼저 '노동은 자유를 준다(ARBEIT MACHT FREI)'라는 문구가 새겨진 철문이 눈에 띤다. 문구 중에 '아르바이트(ARBEIT)'라는 말이 왠지 한국인에게는 낯설지 않게 다가와 관광 온 한국 사람들은 서로의 얼굴을 보며 잠시 미소를 머금는다. 하지만 이러한 문구를 왜 적어 놓았을까를 곰곰이 생각해 보면 당시 수용소 안의 분위기가 어떠했는지 가히 짐작하게 된다. 그리고 그 문구가 적힌 정문을 지난 이후부터는 더 이상 방문객들의 얼굴에서 미소를 찾기가 어려워지게 되며 모두가 수용소안의 처참함에 경악을 금치 못한다. 고압전류가 흐르는 철조망을 지나 닭장 같이 만든 침대가 즐비한 수용소, 총살을 집행했던 사형 장소와 그 유명한 가스실(가스실 안을 들어가 보면 벽에 사람들이 손톱으로 긁은 자국들이 선명하다), 학살한 뒤 시체를 소각하는 소각장, 그리고 수용소 사람들의 소지품을 모아둔 전시실이 있다. 이 전시실에서는 수북이 쌓인 안경과 구두, 의족 등 여러 가지 개인 물품들이 있는데 자세히 보면 소지품마다 자신의 이름이 선명하게 적혀 있다. 나치들은 수용소에 들어오는 사람들을 안심시키기 위해 돌아갈 때 줄 거니까 이름을 쓰라고 했는데, 사람들은 그 말을 믿고서 자기 걸 안 잊어버리기 위해 또박또박 이름을 적어 놓았다. 또한 가스실에 들여보내기 전에는 머리카락을 잘랐는데 그 머리카락들도 전시실에서 볼 수 있다(그렇게 자른 머리카락은 독일군이 쓰는 담요를 만드는 재료가 되었다고 한다).

수용소를 돌다보면 수용소 내 각 포인트 마다 당시 상황을 묘사하는 그림이 그려진 팻말들이 세워져 있어 사실감과 함께 공포감을 자아내고 있으며, 이러한 공포감은 실제 상황을 찍은 기록사진들이 있는 전시관에 와서는 극에 달한다. 사진들에는 나치가의 유태인을 대상으로 저압실험, 고압실험, 고도실험, 저체온증실험 등 갖가지 생체실험을 하는 사진과 함께 시체를 쌓아놓은 집단학살 사진들이 포함되어 있다. 정말로 수많은 사람들이 안타깝게 학살된 역사의 현장 앞에서, 비록 내 나라 내 민족이 당한 일이 아닐지라도 감정을 가진 인간이라면 누구나 통탄을 금치 못하며 이러한 역사가 절대로 또 다시 반복되어서는 안 되겠다고 다짐하게 된다.

그런데 여기서 우리가 기억해야 할 한 가지가 있다.

그것은 이스라엘 정부에서는 전 세계에 있는 유태인 학생들에게 아우슈비츠와 같은 포로수용소를 방문할 수 있게 하는 다양한 프로그램을 운영하고 있다는 점이다. 물론 이 프로그램은 각 지의 돈 많은 유태인 개인이나 기업이 적극적으로 후원하고 있다. 다시 말해 자기 민족이 대량학살 된 현장을 어린 자녀들이 반드시 방문하도록 하는데 많은 돈을 쓰고 있다는 이야기다.

자신의 처참하고 뼈아픈 과거를 잊지 않게 하길 위한 역사교육의 일환으로 이런 프로그램을 운영하는 것이 어찌 보면 당연한 일일 수도 있겠으나 한편으로는 참 이해가 안 되는 부분도 있다. 그냥 역사책에 이런 내용을 넣어 철저히 공부시키면 될 것을 왜 굳이 처참한 현장에 아이들을 방문하게 하는 것일까? 과연 우리나라라면 이런 식으로 운영을 했을까하는 의문이 든다. 사실 우리나라도 이스라엘과 비슷하게 일본에 의해 강점되어 생체실험도 당하고 독립운동가들이 참기 힘든 고문을 당한 뼈아픈 역사가 있긴 하다. 하지만 유태인 포로수용소처럼 학생들을 적극적으로 방문하게 하는 프로그램은 없고 또한 서대문형무소같은 역사 유적도 그 분위기가 유태인의 포로수용소만큼 현장감 있지 않고 어찌 보면 공원화(?)되어 있다. 잔디밭이 잘 가꿔진 서대문형무소는 왠지 공원처럼 평화로워 보인다. 그리고 그렇게 잔혹한 사진이나 그림은 그리 많지 않은 것 같았다. 내 생각에는 그래야 많은 사람들이 아이들의 손을 잡고 방문할 거라고 판단한 것 같다. 우리나라 어느 부모가 끔찍한 사진이나 현장을 자기 아이가 보기를 바라겠냐는 그런 마음에서 말이다.

또 한 가지 예로 우리 민족의 부끄럽고 비참한 역사인 4.3사태를 기념하는 기념관의 이름도 〈제주도 4.3평화공원〉이다. 물론 과거에는 끔찍했으니 이제 그런 일이 없기를, 좀 더 평화로운 세상이 오기를 바라는 마음에서 이름을 그렇게 지은 것 같다. 이해할 수 있다. 좋은 게 좋은 거니 말이다.

그런데 과거의 끔찍했던 역사를 다 까발리지 말고 어느 정도 순화시켜 아이들에게 보여주고자 하는 우리나라의 이런 운영방식은 이스라엘 사람들, 이스라엘 부모들의 것과는 좀 거리가 있는 것 같다. 이스라엘 사람들은 그 끔찍한 집단 학살현장을 자기 아이들이 두 눈으로 똑똑히 그리고 생생하게 보기를 원하는 것이다. 우리의 정서로서 생각해 보면 이런 역사교육은 어린아이들에게 왠지 좀 심한 게 아닌가 하는 생각이 드는데, 과연 이런 방식의 교육이 아이들의 행동발달에는 어떤 영향을 미치게 될까?

　이스라엘을 잘 안다고 하는 어느 교수님의 말씀에 따르면 이스라엘 아이들은 학창시절에 여러 번 나치 포로수용소를 방문하게 되는데, 방문한 대부분의 학생들이 그 참혹한 현장을 보고 엉엉 울고 절규하는 등 난리가 난다고 한다. 그도 그럴 것이 저 먼 타국에서 온 우리나라 사람도 끔찍한 장면 앞에 눈시울을 붉히는 데 자신의 친척이나 이웃, 자기 조상의 일인데 얼마나 마음이 아플까?

　이러한 역사적 현장에서 받은 교훈 때문일까? 이스라엘 사람들은 아주 어릴 때부터 역사의식이 아주 강하다고 한다. 그리고 이러한 역사의식 즉, 정신이 나태하거나 방심하면 또 저 모양 저 꼴이 된다는 생각을 깊이 마음속에 되새긴 사람들은 좀 더 일찍 철이 든다고 한다. 철이 일찍 드니까 컴퓨터게임 같은 걸 하면서 시간 허비하는 것을 싫어하게 되며 뭔가 역사에 이름을 남기거나 인류에 공헌할 일을 찾고자 애쓴다는 것이다.

　우리가 아는 노벨상의 경우 그 원 논문이나 아이디어가 주로 20대에 나온 것이 많다. 즉, 노벨상을 받은 사람은 20대 이전부터 철이 들어 연구에 몰두했다는 말이다. 또한 노벨상 수상자 중 많은 사람이 유태인이라는 것은 그만큼 유태인이 빨리 철이 들었다는 것인데, 이는 자기 나라의 아픈 역사를 깊이 인식하는 데서 출발했을 수도 있다.

이스라엘의 역사교육에 대한 방식을 보노라면 앞 장(章)에서 이스라엘 사람들이 언어의 마법사라고 이야기 한 것이 생각난다. 왜냐 하면, 언어의 마법사들이 수두룩한 이스라엘 학생들이 본 장(章)에서 이야기하는 죽음의 마법에도 최고라는 느낌이 불현 듯 들었기 때문이다. 나는 내 친구 상욱이가 자기 가족의 죽음에 대한 생각을 공부마법으로 승화시켰다고 이야기 했었는데, 이스라엘에서는 국가차원에서 체계적으로 학생들을 죽음의 마법사로 양성하는 프로그램을 운영하고 있다고도 볼 수 있는 것이다. 참으로 무서운 나라, 무서운 민족이 아닐 수 없다.

그런데 다시 생각해보면, 숱한 외세 침략의 역사를 가졌다는 점에서 우리나라는 세계에서 이스라엘과 가장 닮은 점이 많은 나라이다. 그래서 이스라엘처럼 아이들에게 가르쳐야할 뼈아픈 역사의 흔적도 많이 보유하고 있는 것이 사실이다. 우리나라는 그동안 우리의 뼈아픈 역사(몽고침략, 임진왜란, 6.25 민족상쟁, 4.3사태 등)를 아이들에게 가르치는 데 있어 다소 소극적이지 않았나 생각이 든다. 너무 세계화와 과학화만을 추구하고 내 나라의 역사, 내 조국의 현실을 깨닫게 하는 데에는 많은 공을 들이지 않은 것이다. 그러니 이제는, 그동안의 역사교육 방식이 과연 아이들의 교육 측면에서 최선의 것이었는지 한 번 되돌아 볼 필요가 있지 않나 생각된다. 특히, 컴퓨터 게임 중독증세를 보이는 아이들의 부모인 경우는 더더욱 깊이 생각해 볼 일이다.

세번째 이야기

휠체어를 탄 마법사

이름 모를 공무원

3장의 이야기는
암기력에 관한 이야기이다.
세상을 살아가다 보면
때로는 실수를 하거나 건망증으로 인해
시간을 허비하거나 난처한 경우를
당하는 수가 종종 생긴다.
하지만 아주 가끔씩은 그러한 실수나
건망증으로 인해 발생한 난처한 상황들이
인생에 있어 귀중한 보석 같은
순간이 되기도 한다.
더구나 건망증으로 인한 실수로
더 큰 교훈을 얻게 되었으니
그야말로 전화위복인 셈이다.
이야기는 중학교 방학 때 겪은
이야기로부터 시작된다.

친구들과 떠난 여름바다 여행

중학교 다닐 때의 일이다. 나는 여름방학이 한 보름정도 남짓 남았을 때 동네 친구들과 함께 남해 상주해수욕장에 놀러가게 되었다. 어떤 녀석들은 삼천포에도 해수욕장에 있는데 왜 굳이 남해까지 가야 하냐고 내키지 않는다고 말하기도 했지만 남해의 해수욕장은 삼천포와는 뭔가 좀 다른 것이 있을 지도 모른다는 호기심과 함께 무엇보다도 친구들 중 대다수가 한 번도 상주해수욕장에 가본 적이 없다는 사실이 그해 여름 우리를 남해로 가는 버스에 오르게 했다.

내가 방문했던 남해의 해수욕장은 역시나 삼천포와는 많이 달랐다. 남일대해수욕장이 코끼리 바위와 같은 주변 풍경이 일품이라면 남해 해수욕장은 모래가 훨씬 곱고 백사장 규모가 컸다. 그리고 남일대해수욕장은 해변의 경사가 심한 데 상주해수욕장은 넓은 평지같은 느낌으로서 친구들과 비치발리볼을 하기에도 딱 좋았다.

우리는 그렇게 무더운 여름방학의 한 나절을 넓디넓은 백사장에서 즐겁게 보내었고 오후 늦게 되어서야 집으로 가는 버스를 타기위해 시외버스터미널로 향했다.

**건망증이
불러온
잊지 못할
참사**

시외버스터미널의 승차장에는 이미 여러 대의 버스들이 일렬로 쭈욱 늘어서서 덜덜거리며 미리 몸을 달구고 있었는데, 우리는 각자의 차표를 손에 들고 거의 텅 비다시피 한 버스에 일찌감치 올라탔다. 요즘도 대부분의 남학생 집단들이 그러하듯이 우리는 앞쪽의 좋은 자리들을 마다하고 맨 뒤쪽에 5열 횡대로 자리를 틀고서 그을린 얼굴을 서로 쳐다보면서 출발을 기다리고 있었다.

그런데 출발이 한 5분정도 남았을 때 친구 영철이가 말을 꺼냈다.

"야, 우리 차타고 가는 동안 심심하니까 과자 사먹자!"

우리는 해수욕장에서 놀 때 아이스크림 사먹고 전자오락실에서 뿅뿅 하느라 차비만 빼고 가진 돈을 다 썼기 때문에 버스에 올라탈 때 아무도 매점에 들릴 생각은 하지 않았는데 영철이의 제안을 듣고는 각자의 호주머니와 가방을 구석구석 뒤져보기 시작했다. 그리하여 가방 옆 주머니에 숨어있는 동전과 차비내고 난 잔돈, 그리고 각자 비밀리에 꼬불쳐 둔 푼돈을 모두 톨톨 털어서 천원이 조금 넘는 과자값을 간신히 모을 수 있었으며, 가운데 자리에 앉아 있던 내가 대표로 과자를 사오기로 하였다.

내가 친구들에게서 받은 돈을 손에 들고는 차 앞의 문쪽으로 나아가려 할 때였다. 어떤 아저씨가 접이식 휠체어를 손에 들고 한쪽 발을 절뚝거리며 들어오고 있었다. 그는 앞쪽에서 두 번째 자리에 앉고 옆자리에는 들고 왔던 휠체어를 걸쳐 두었는데, 갑자기 나를 부르더니 "학생, 매점 가나? 갈 때 내 담배 좀 사주게"라고 심부름을 시키는 것이 아닌가. 나는 당연히 몸이 불편한 분을 도와드리는 것이 마땅하다고 생각했으므로 아무 거리낌 없이 아저씨가 준 지폐를 받고 차문으로 내렸고 곧장 매점으로 달려갔다.

버스 출발시간이 얼마 남지 않았기 때문에 나는 눈썹이 휘날리도록 매점을 향해 달렸고 매점 진열대에 도착했을 쯤에는 벌써 숨이 턱밑까지 차올라와 헉헉거리는 소리가 옆에 있는 사람에게까지 들릴 정도가 되었다. 그리고는 어떤 과자를 고를까 하며 진열대에 놓인 과자를 쳐다보며 생각하는 순간. 호주머니에 넣은 내 손에 뭔가가 잡히는 느낌이 왔다. 나는 시선을 아래로 하여 호주머니에서 반쯤 나온 손을 내려 보았는데, 아니 이게 어찌된 일인가? 지폐 5천 원이 있는 것 아닌가. 나는 순간 횡재라도 한 듯 흥분되어 진열대 위에 있는 과자 중 가장 맛난 것들을 있는 대로 집어서 까만 비닐봉지에 가득 담았다. 과자를 담을 때 나는 이런 의문이 들었다. '도대체 이 돈이 어디서 난 것인가. 내가 돈을 다 쓴 줄 알았는데 아

직 남아있었구나. 오호라.'

나는 과자가 든 큰 비닐봉지 두 개를 손에 들고는 버스로 갔는데, 버스에 올라타려 했을 때는 사람들이 속속 버스를 타는 중이라 사람들과 어울려 버스를 탔고 나는 내게 심부름을 시킨 아저씨와 눈이 마주치지 않고 버스 뒷자리로 가 앉았다. 그리고는 친구들에게 이렇게 말했다.

"야. 알고 보니 내가 돈이 좀 남아있더라. 허허."

내 말에 친구들은 일제히 반색하며,

"역~쉬 지훈이 너 밖에 없는 거라. 짱. 최고. 멋져부러."

그리고는 모두 떠들썩하게 즐거운 마음으로 과자를 분배하였고, 출발시간이 다되었는지 우리의 버스는 붕붕거리며 천천히 후진을 하였다. 그런데 그 순간. 갑자기 귀에 익은 어떤 아저씨의 목소리가 들여왔다.

"기사양반, 학생이 내 담배 사러 갔다 아직 안 왔소."

그 목소리는 내가 태어나서 이때까지 들어본 목소리 중에 가장 끔찍한 것이었는데, 그 소리에 나는 심장이 곧 멎는 줄만 알았다. '아이구나 그렇지 그래 큰 일 났구나.'

하지만 어쩔 건가? 난 무엇을 해야 하나. 일순간 수천 가지 생각이 머리 속에 오고갔다. 나는 어쩔 도리 없이 앞으로 나아갔고 두려운 마음으로 아저씨 자리 옆에 서서 고개를 숙였다.

"저…아저씨…그게…"

학생시절에는 휠체어를 탄 사람이 왜 그리도 무서웠는지 당시의 난감함과 공포감은 정말 엄청난 것이어서 나는 상황을 조리 있게 설명할 수가 없이 멍하니 아저씨의 처분만을 기다리고 서 있었다. 그 당시 나는 휠체어를 탄 장애인은 대부분 월남전에 갔다가 부상당한 상이군경일 것이라고 생각했었기 때문에 더더욱 무서웠고 또한 내가 생각해도 정말 혼날만한 짓을 하였기에 무어라 핑계를 댈 수가 없었다.

아저씨는 한심하다는 듯이,

"아니 그게 말이 되나. 담배 사러 보냈더니 과자를 사다니" 하시며 소리를 지르시다가. 하도 어이가 없는지 한동안 멍하니 앉아 창밖을 바라보는 것이었다. 아마도 아저씨는 자신이 장애인이라 학생이 자기를 무시하는 것일까 아니면 자신은 왜 이리도 재수가 없는 사람일까라고 자책하는 듯이 손으로 머리를 긁적거리다가 다시 창밖을 보기를 서너 번 하였는데, 그러는 동안 나는 두 손을 다소곳이 모은 채 고개 숙이고 있을 수밖에 없었다. 내 친구 중 한 녀석은 무슨 일인가 하고 근처에 왔다가 금세 분위기를 파악하고 후다닥 뒷자리로 사라졌는데, 차타고 가는 내내 나는 친구들의 숨소리조차 들을 수 없었으며, 친구들은 그 많은 과자를 거의 혀로 녹여먹는 수준으로 조용히 처분하며 흔들리는 버스에 몸을 맡기면서 이리저리 하늘하늘 거릴 뿐이었다.

마법사의 선물

어색하고 불편한 시간이 한 참 흐른 후에도 나는 뒷자리로 탈출(?)하지 못하고 아저씨 옆자리에 앉아 훈계를 받았다. 그 때 내가 무슨 변명을 하였는지 일일이 생각은 나지 않지만 내가 그리 나쁜 놈은 아니란 것을 최대한 피력하기 위해 학교에서 부반장도 맡고 있다고 말 하였던 것으로 기억되는데, 그것은 자랑이라기보다는 그저 상황을 벗어나기 위한 처절한 몸부림 같은 것이었다. 그리고 내가

"학교에서 공부도 잘 합니다"라고 했는데, 그 말에 아저씨는

"공부를 잘 해? 그리도 잘 까먹는 녀석이 어떻게 공부를 잘한단 말이냐. 다 거짓말 아냐?"

하시는 것이었다. 나는 거짓말 아니라며 손사래를 쳤지만 아저씨는 긴가민가 하는 눈치였다.

그렇게 시간이 한참 흐른 후 나는 아저씨의 눈을 처음으로 똑바로 쳐다볼 수 있게 되었고 아저씨의 말투도 점점 누그러졌다. 그리고 내가 삼천포시 어디어디에 살며 아버지가 누구라는 것, 또한 진주강씨 은열공파 30대손이라는 것과 우리집 족보에 대해 줄줄 늘어놓자 그제야 어느 정도 나에 대한 불신이 사라지는 것 같았으며, 내가 진짜로 실수로 잘못을 저질렀다는 것을 받아들이는 눈치였다. 휴~ 살았다.

알고 보니 아저씨는 월남참전 상이군경이 아니었으며 공무원으로서 아마도 고시를 패스한 수재 같았다. 즉슨 그리 무서운 사람은 아니라는 것이었다. 아저씨는 버스에서 내리기 전에 친절하게도 나에게 공부와 암기에 대한 몇 가지 팁을 주었으며, 갈색 가죽가방에서 얇은 책 하나를 꺼내 주셨는데, 아저씨의 팁과 그 때 주신 책은 공부에 관해 내 인생을 바꿔놓은 중요한 물건이 되었다. 어쩌면 나에게 있어선 그날 그 책은 마법사에게 주어진 첫 마법지팡이와도 같은 것이라 할 수 있다.

"이상한 나라의 숫자들"

아저씨가 준 책은 「이상한 나라의 숫자들」이란 제목의 책이었으며 나는 집에 오자마자 바로 책을 다 읽어 보았다. 그도 그럴 것이 전체 페이지가 스무 장 정도 밖에 안  되었고 한 페이지 당 글자도 한두 줄이 고작이어서 책을 읽는 데에는 5분도 걸리지 않았기 때문이었다. 책은 그림이 대부분을 차지하는 동화책 같았는데 0부터 9까지의 숫자들이 의인화되어 나오고 주인공인 1이 친구를 찾아 여행을 떠난다는 것이 주 내용인데, 책의 줄거리는 아래와 같다.

산꼭대기에 앉은 1은 외로워서 친구를 찾아 길을 떠난다. 맨 처음 1은 0이라는 녀석을 만나게 되는데 0은 친근하게 다가오지만 왠지 초라해 보였는지 1은 0을 두고 다른 곳으로 길을 떠난다. 1은 다음으로 2를 만나는데 이들은 백조처럼 우아하게 물위에 떠있어 1은 이들에게 말도 걸어보지 못하고 또 다른 곳으로 떠난다. 다음에는 3을 만나는데 3은 몹시 화난 얼굴이다. "1과 2가 뭔데 우리 앞에 있냐고?" 그러면서 말이다. 1은 그다음 4를 만나게 되는데 4는 죽은 동료의 무덤 앞에 경례를 하고 있었다. 그 다음에도 곡예사 5, 게으름뱅이 잠꾸러기 6, 수도사 7, 당근을 먹는 친근한 8, 선글라스를 끼고 해변에서 일광욕 중인 거만한 9를 차

례로 만나지만 1은 결국 이들과 친구가 되지 못한다.
결국 1은 지친 몸을 이끌고 원래 자기가 있던 산꼭대기로 올라오게 되는 데, 거기서 맨 처음 본 0과 친구가 되어 나란히 앉아 있게 된다. 그리고 이 책의 마지막 페이지는 2, 3, 4…등등 모든 숫자들이 10이 된 0과 1을 보고 친구가 되고자 산꼭대기로 서둘러 올라오는 모습을 그리고 있다.

  나는 이렇듯 짧고 간단한 내용의 그림책을 심심할 때마다 펼쳐 보았으며 아저씨가 말해 준 암기에 대하 간단한 팁에 대한 생각을 늘 머리에 두고 있었다. 그리고 시간 날 때 시내에서 제일 큰 서점인 '학우서림'으로 찾아가 암기법에 대한 오래된 책 몇 개를 탐독하기도 했는데, 대개가 무슨무슨 암기법으로 제목이 붙여진 것들이었다. 나는 서점에서 읽은 책들을 보면서 암기가 무엇인지에 대해 나름의 견해를 가지게 되었고, 이러한 암기법을 토대로 하여 중학교 1학년 때 반에서 4-5등 하던 나의 성적은 2학년 어느 시험에서 전교 2등까지 올라가게 되었다. 당시 우리 반에는 김원섭이란 수재가 있었는데,(지금은 서울과학기술대학교에서 교수로 재직 중이며, 로봇 휴보를 디자인 한 사람으로 신문에 여러 번 나온 적이 있다.) 나와 원섭이의 성적은 처음에는 한 참 거리가 있었으나 내가 나만의 암기법으로 이 친구를 체

치고 반에서 1등이자 전교 2등을 한 순간의 기쁨은 이루 말할 수 없었다. 원섭이는 아버님이 교장으로 당시 시골 아이들이 그 존재조차도 잘 몰랐던 과학고등학교의 입시를 준비하고 있었으며 삼천포에서는 알아주는 공부 실력자였다.(원섭이는 그 후 과학고등학교를 거쳐 카이스트에 입학하였다)

**암기란
무엇인가**

아무튼 나는 이러한 암기법으로 인해 학교생활 내내 무엇이든 외우는 데에는 별로 어려움을 겪은 적은 없었으며, 덕분에 남는 시간을 통해 혼자만의 특별한(?) 분야에 몰두 할 수 있었다.

물론 암기를 잘하는 기법에는 여러 가지가 알려져 있다. 도표를 이용하라, 반복하여 학습하라, 단권화 하라 등등. 암기력을 향상시키는 방법들은 참 다양하다. 하지만 나는 그 중에서도 휠체어를 탄 아저씨가 추천했고 내가 가장 많이 써먹었던 암기법인 '결부법'을 강력히 추천하고 싶다.

결부법이란 내가 외우고자 하는 것을 우리가 평소 잘 알고 있는 친근한 그 무언가와 연결시켜 더 오래 기억에 남도록 하는 학습법이며, 사람들이 흔히 사용하는 보편적인 기억법이다. 최근에 사교육 없이 민사고에 입학하고 하버드등 미국 유명대학 10곳에 동시에 합격하여 화제를 불러일으킨 박원희의 「공부9단, 오기10단」이란 책에서도 결부법을 활용하여 암기하는 이야기가 나온다. 예를 들면 저자인 박원희는 Pugnacious(퍼그네이셔스: 호전적인, 싸움을 좋아하는)란 단어가 잘 안 외워지자 퍼그네이셔스와 '퍽'하며 치는 권투선수의 모습을 상상하며 실제로 어퍼커트를 날리다가 친구들이 이상한 눈으로 쳐다보기도 했다고 한다. 박원희가 쓴 이러한 방식의 암기가 전형적인 결부법을 활용한 사례라고 볼 수 있다.

하지만 이런 흔한 암기법을 이야기 하면 많은 사람들은 이렇게 반문한다. "퍼그네이셔스라는 단어를 보고 권투의 '퍽'이 안 떠오르는데 어쩝니까?"라고 말이다.

맞는 말이다. 그러한 연상이 빨리 되는 사람이라면 이미 머리가 좋은 사람이고 공부에 별 어려움이 없는 사람이다. 그런데 이러한 반문을 하는 사람들에게 나는 묻고 싶다. 그렇다면, 즉 그런 연상력이 부족하다면 당신은 그런 연상이 빨리 떠오도록 하기 위해 무엇을 하였느냐고 말이다. 물론 암기법에 관한 대부분의 책들도 그런 식으로 연상을 해서 외우면 좋다 라고만 나오지 연상능력 강화를 위해 우리가 무슨 운동(?)을 해야 하는 지에 대해서는 별 말이 없는 것이 사실이다. 즉, 태권도를 잘 하기 위해서는 태권도 교본이 필요한 것이 아니라 우리 집과 가까운 태권도 도장에 관한 정보와 그 도장에 다닐 수 있는 수강료가 가장 절실한 것이다.

나도 처음에는 저렇게 반문하는 사람과 별반 다름없는 사람이었으나 「이상한 나라의 숫자들」이란 책을 머리에 담고부터는 상황이 조금씩 달라졌다. 책을 읽으면 읽을수록 나는 책 속에 나오는 주인공인 0부터 9까지의 숫자들에게 옷을 입히기 시작했고 조금씩 조금씩 영혼을 불어 넣었다. '1은 나, 외로운 사람, 혼자, 생긴 모양은 긴 다리, 바싹 마른 몸, 2는 새, 백조, 흰색, 눈 감고 있음, 물위에 떠 있음, 조금 거만함… 등등'으로 말이다. 그리고 나니 학교 공부시간에도 이러한 숫자친구들이 자꾸 생각이 나서 공부내용 사이사이에 끼어들기 시작하는 것이었다.

특히 암기가 가장 어렵고 순서나 연도가 헷갈리는 국사 공부에 활용이 많이 되었는데, 예를 들면 '나제동맹이 433년 이라면, 4는 고구려, 3과 3은 백제와 신라. 백제(3)와 신라(3)보다 고구려(4)가 커지니까 같은 두 녀석(3, 3)이 힘을 합한 거다'이런 식으로 외우게 되었다. 그리고 3은 「이상한 나라의 숫자들」에 나오는 호전적인 군사들의 모습이 결부되어 433하면 마치 두 명의 군인(33)이 경례하는 모습의 4를 위협하는 그림으로 각인되는 것이었다.

또한 순서대로 나오는 역사적 사실들은 0, 1, 2, 3…의 숫자와 연결시켜 외우기도 하였다. 이러한 방법은 처음에는 시간이 좀 더 걸리고 느렸지만 하루 종일 시간 가는 줄 모르고 창작(?)에 몰두할 수 있었고 한 번 외운 것은 절대 까먹지 않는 그래서 책을 두 번 다시 안 봐도 되는 장점도 있었다. 그리고 이런 연상이란 것이 하면 할수록 습관처럼 계속 개발되고 발전되어서 처음에는 좀 더디지만 하면 할수록 더 빠르고 쉽게 암기를 위한 연결 생각이 떠오르게 된다.

그리고 이런 연상을 활용한 공부는 처음에 그 습관을

들이기 위한 계기가 필요한데 '이상한 나라의 숫자들'이란 책은 나에게 그러한 계기를 만들어 주었다는 점에서 의미가 깊다. 숫자라는 것은 길을 가거나 TV를 볼 때, 심지어 아파트 엘리베이터를 탔을 때에도 늘 우리가 만나게 되는 것이기 때문에 그 책을 통해 숫자와 깊은 인연(?)을 맺은 나는 일상에서 자주 접하는 숫자들 볼 때마다 수십까지의 관련 단어나 생각이 꼬리에 꼬리를 물고 떠오르는 습관을 쉽게 익힐 수 있었다.

● 아이와 같이 놀이처럼 하는 결부법 사례

얼마 전 유치원에 다니는 일곱 살 아들이 나에게 다가와서는 선생님이 12간지를 순서대로 외워오라는 숙제를 내어 주었다고 했다. 이에 나는 아이에게

"그래 같이 한 번 외워보자. 참 재미 있겠구나" 하며 발동을 걸었다. 어른들이야 "자축인묘…"하며 머리글자로 편하게 외우면 되지만 7살 난 아이들이 해야 할 숙제는 "쥐, 소, 호랑이, 토끼…"와 같은 식으로 외우고 발표해야 하기 때문에 12간지를 순서대로 외우는 것이 7살 난 아이에겐 그리 만만한 일은 아니었다. 적어도 우리 집 식구들의 아이큐 수준으론 말이다. 그래서 나는 이 때다 싶어 결부법을 통해 암기를 도와주기로 한 것이

다. 그래서 나는 이렇게 말했다.

"애야, 우리 이렇게 해보자. 니 몸을 가지고 하면 아주 쉬워. 자 머리부터 발끝까지 하나씩 내려가면서 하는 거야. 이렇게 상상해봐! 일단 머리위에 쥐가 앉아있어. 그리고 니 눈은 소처럼 커. 코는 호랑이 코처럼 생겼고, 이빨은 토끼의 긴 이빨을 생각해. 그 다음은 목이지? 용의 비늘있는 용을 생각해. 용은 목에 있는 비늘 만지는 걸 무지 싫어해. 예민하거든. 그 다음은 가슴이지? 가슴에 뱀 그림을 그렸다고 하자. 그 다음은 배꼽. 배꼽은 아주 작지? 말 발자국이었으면 아주 컷을 텐데. 그리고 그 다음은 고추야. 너도 크면 고추 주변에 털이 날거야. 양털처럼 말이야. 그리고 그 아래는 무릎이다. 원숭이는 무릎이 유연해서 나무를 아주 잘 타지. 그리고 무릎아래는 발목. 발목을 닭이 꽉 쪼았다고 생각해봐. 따끔하겠지? 그리고 그 다음은 발등. 발등을 강아지가 혀로 핥으면 어떨까? 간질간질하고 침이 묻어서 좀 기분이 이상하겠지? 그리고 마지막은 돼지. 돼지는 좀 지저분하니까 발바닥을 핥게 하자. 자 이렇게 머릿속에 떠올리면 쉽고 재미있어'

이렇게 머리-쥐, 눈-소, 코-호랑이, 이빨-토끼, 목-용, 가슴-뱀, 배꼽-말, 고추-양, 무릎-원숭이, 발목-닭, 발등-개, 발바닥-돼지와 같이 각각 매칭(결부)시켰더니 아이는 그 자리에서 바로 "쥐, 소, 호랑이, 토끼, 용, 뱀, 말, 양, 원숭이, 닭, 개, 돼지"라고 머뭇거림 없이 순서대로 외웠다. 그리고 물론 그 다음날 유치원에서 남들은 더듬거리며 외울 때 자기는 제일 큰소리로 잘 외웠다고 칭찬을 받았다고 자랑이었다. 그리고 그게 재미있는지 몇 번이나 나에게 다가와서 손으로 머리부터 하나 씩 자기 몸을 하나씩 가리키며 "쥐, 소, 호랑이, 토끼…"라고 외치며 즐거워하였다.

   내가 중학교 때부터 써먹은 이런 결부법을 활용한 암기의 장점은 여러 가지가 있다. 첫 째는 암기 강도가 무지 높다는 점이다. 그래서 결부법으로 외운 것은 시험 직전에 다시 보지 않아도 잊어먹을 걱정이 없다. 그리고 결부법으로 외우는 것은 하면 할수록 그 효과가 증폭되고 즉 가지치기처럼 확장되어 점점 더 암기가 쉬워진다는 것이다. 앞에서 예를 든 바와 같이 우리 아들이 만약 12지 동물의 순서를 우리 몸과 연결 시켜 외웠다면 이제 아이한테는 자신의 머리와 눈과 코는 그냥 머리와 눈과 코가 아니라 쥐와 소와 호랑이라는 생각이 딱 달라붙어 있는 자기만의 독특한 개념의 몸이 되는 셈이다. 이런 상태에서는 사물과 개념과 생각이 연결되고 연결되어 추가적인 암기가 한결 더 쉬워지게 된다.

그리고 또 한가지 강조하고 싶은 결부법의 효과는 바로 이러한 학습법 내지 놀이를 통해 아이들의 상상력이 쑥쑥 증진된다는 점이다. 자신의 몸과 주변의 사물, 그리고 책을 읽다 만나는 단어 단어들이 서로 서로 친한 친구처럼 연결되어 있기 때문에 공부를 하면서도 늘 즐겁고 재미있는 생각이 쉼 없이 샘솟게 되며 이러한 상태는 상상력이 발휘될 수 있는 최상의 조건이 되는 것이다

나는 중학교 때 몸에 익힌 이 결부법 하나를 가지고 중고등학교를 별 어려움 없이 마치고 대학을 갔으며 대학교에서도 영어단어를 외운다거나 시험공부를 할 때에도 늘 여유 있는 생활을 한 것 같다. 생각해 보면 너무나도 단순하고 하찮은 테크닉 하나로 말이다. 그래서 나는 공부를 하는 학생이라면 반드시 이러한 연상법(결부법)을 활용하여 두뇌 근육을 키워놓을 것을 권유하는 바이다. 생각하는 것보다 해보면 재미있으니 말이다.

나와 가족과 마을을 사랑하는 것과 결부법

지금은 나이가 들고 직장생활에 빠져들다 보니 많이 시들어 졌지만 나는 주변에서 별 잡다한 걸 다 외우는 사람으로 비춰질 때가 많았다. 한 마디로 암기를 좀 잘 했던 것같다. 그런데 사실 나는 암기를 잘 한 게 아니라 잊어 먹기 힘든 것, 잊을 수 없는 것에 더 관심을 가졌으며, 그렇게 기억된 내용들이 자연스럽게 그 주변 것들과 결부되어 기억된 것 뿐이었다.

예를 들자면 나는 진주강씨 은열공파 30대손이다. 이것은 잊고 싶어도 잊을 수 없는 내 자신에 대한 정보이다. 그래서 나는 진주강씨와 은열공파에 대해 관심을 가지고 관련 자료들을 찾아본다.

예를 들면 진주강씨 : 강씨는 현존하는 성씨 중 가장 오래된 성, 시조는 중국의 삼황오제 중 한 분이며 염제 신농이라 불리는 강신농, 강신농은 농사의 신이라 불리고 녹차를 처음으로 개발하신 분, 회사에서 매일 마시는 녹차는 내 조상님이 발견하신 거, 강신농의 51세손 강태공은 기원전 11세기 사람으로 병법에 능해 은나라를 멸하는 데 큰 공을 세우고 주 문왕과 무왕의 스승이자 장인으로 제나라를 창시하였다. 그가 지은 유명한 병법서 '육도삼략'이 있다. 등등 강씨에 대한 것에 관심을 먼저 가진다. 그러면 은나라와 주나라, 제나는 그냥 외워지고 육도삼략을 비롯한 병법서에 관한 이야기도 그냥 머릿속에 박히게 된다. 왜냐면 우리 할아버지들 이야기니까. 잊을 수가 없다.

또한 나의 체질은 사상체질 중 태양인이다. 그러면 태양인에 대해서는 누구보다 잘 알아야 된다고 마음먹는 거다. ◆ 태양인 : 인체의 다른 장기 보다 폐가 유달리 실(實)하다. 폐는 음양오행상 서쪽, 흰색, 쇠붙이, 계절로는 가을 등의 성질이 있다. 내가 태양인이므로 피부가 희고 목소리에 쇳소리가 나며, 폐가 실하기 때문에 오히려 잘 못하면 폐병에 걸릴 수도 있다. 우리 외할아버지도 폐병으로 돌아가셨고, 나도 폐병으로 수술한 적이 있다. 등등 태양인에 대한 이야기는 누구보다 더 잘 알아야겠다고 결심하며 외운다. 그러면 음양오행에 관한 이야기는 자연스럽게 터득 된다.

그리고 마지막으로 예를 들고 싶은 것은 내가 사는 마을에 관한 관심이다. 나는 내가 태어난 고향 삼천포에 관한 이야기를 하라 하면 3박 4일 동안 할 수 있다 (물론 듣는 사람들은 지루할 수도 있겠지만). 그 만큼 삼천포에 대한 이야기와 정보에 대한 관심이 많았다는 이야기다. 지금도 내가 사는 삼성동에 관해서는 우리 딸과 더불어 누구보다도 많이 알고 있다고 생각한다. 여기서 삼성동 이야기를 길게 하는 것은 적절치 않아 보이지만 아래의 글을 보면 내가 무엇을 말하려는 지 그 의도를 좀 더 쉽게 이해하리라 본다. 이글은 올해 초 우리 딸이 다니는 삼성동의 모 초등학교에서 학부형들과 학생들 앞에서 내가 강연한 내용의 일부이다.

-2014. 4월. 삼성동 모 초등학교에서 강연내용 중 발췌-

여러분 제가 짧은 편지 하나를 보여 드리겠습니다.

伏不審潦炎

氣候若何伏慕區區子侍讀
一安幸
伯父主行次今方離發而意味
己日熱如此伏悶伏悶命弟
幼妹亦好在否餘不備伏惟
下覽上白是
癸丑流月初十日
子正喜白是

누구의 편지일까요? 제가 한 번 한글로 이 편지 내용을 읽어 드리겠습니다. 〈굽어 살피지 못하는 한여름에 어떻게 지내셨습니까. 사모하는 마음이 절절합니다. 소자는 어른을 모시고 책읽기에 한결같이 편안하오니 걱정 마십시오. 큰아버지께서는 이제 곧 행차하시려고 하는데 장마가 아직도 그치질 않고 더위도 이와 같으니 염려되고 또 염려됩니다. 아우 명희와 어린 여동생은 잘 있는지요. 아직도 어리니 굽이 살펴 주시옵소서. 이만 줄입니다. 계축년 유월 초열흘 아들 OO가〉

혹시 아시는 분 있나요? 예. 맞습니다. 이 편지는 조선시대에 붓글씨로 중국까지 명성이 자자했던 우리나라 최초의 한류스타 추사김정희가 아버지에게 쓴 편지입니다. 일곱 살 때 큰아버지에게 양자로 가서 부모님과 떨어져 살게 된 김정희가 부모님에게 안부 편지를 쓴 글이지요. 그것도 한자로 쓴 것입니다. 어떻습니까? 초등학교 1학년 나이인데 어른스럽죠? 김정희의 글씨는 그 시대에 세계 최고였고, 그 뿐 아니라 암행어사로 좋은 일도 하시고, 학문에도 조예가 깊었는데요. 특히 출세를 했음에도 불구하고 끝없이 학문탐구에 힘을 쏟아 미숫가루 하나 허리에 차고 이산 저산 힘들게 다니시며 옛날 비석을 연구해서 비석연구 다른 말로 금석문 분야에 큰 업적을 세우신 분이기도 합니다. 대단하죠? 근데 이런 성공이 그냥 됐을까요?

김정희는 벼루 10개, 붓이 1000개가 닳도록 열심히 공부했다고 합니다. 붓 1000개, 정말 대단합니다. 저도 중학교 때까지 미술을 해서 명성이 자자했는데 아무리 그려도 붓 1개도 절대 닳지 않았습니다. 하하하

제가 왜 김정희 이야기를 하냐면. 우리 삼성동이 김정희와 아주 관련이 많습니다. 아는 사람 있나요? 예. 맞습니다. 봉은사는 김정희가 돌아가시기 전 1년 동안 머물며 도를 닦았던 곳입니다. 그리고 봉은사에 가보면 김정희의 글씨 두 개가 크게 걸려 있습니다. "대웅전"과 "판전"이라는 큰 현판 말입니다. 그 중 "판전"이라는 글씨는 추사의 대표작 중 하나로도 유명합니다. 그리고 그 "판전" 안에는 김정희가 쓴 경전도 많이 있고, 그 옆에는 추사를 기리는 큰 비석도 있습니다.

혹시 안 가보신 분은 이번 주말에라도 꼭 가보시고요. 그리고 구경하시면서 추사김정의 "붓 1000자루" 이야기 꼭 다시 생각해 보세요. 알겠죠? 그렇다고 해서 공부하면서 괜히 연필 닳아 없애려고 하지 마시고요.

물론 우리 동네의 봉은사에 대한 이야기는 이것 말고도 끝이 없다. 우리 아이들이 저녁 먹고 산책하기 좋아해서 한 번 씩 방문하는 봉은사의 정문에는 봉은사에 대한 안내판이 있는데 그 첫 머리에 '봉은사는 신라 원성왕(794년) 때 창건되었다'라는 내용이 나온다. 이 안내판을 보여 주고 난 뒤 봉은사를 돌면서 아이에게 신라 원성왕에 대한 이야기를 들려 준다. 예를 들자면 신라 원성왕은 신라 말기의 왕으로 골품제의 폐해를 줄여보고자 '독서삼품과'를 시행하여 성적으로 관리를 임명하려 했던 왕이라는 내용과 그러다가 진골들의 '원성'이 많아 제도가 실패하고 말았다는 내용(귀족들의 '원성'을 많이 사서 '원성왕'인가? 라는 결부법을 곁들여가면서)을 설명하고 절을 창건할 정도이니 당연히 불교 융성 정책을 썼다는 내용까지 이야기 해준다. 뭐 이러면 아이들은 봉은사를 방문할 때마다 신라 원성왕–794년 경 사람–신라 말기의 왕–독서삼품과–불교융성 정책이 결부되어 암기가 되는 것이다. 사실 우리 아이들과 나에게는 이것들은 암기라기보다는 그냥 우리 집에 있는 냉장고나 소파의 위치가 어디 있는 것을 아는 것처럼 당연한 이야기가 되며 이러한 정보는 이를 바탕으로 또 다른 연상과 결부로 연결시킬 수 있는 촉매가 된다.

나는 이에 한 발 더 나아가 아이에게 추사김정희에 대한 이야기를 종종 들려주며, 봉은사와 추사김정희를 연결시키려 노력하였다. 사실 봉은사 하면 추사김정희, 추사김정희 하면 봉은사이니 과천에 있는 추사김정희 박물관을 방문하여 추사의 일대기와 추사체 및 우리나라 역사에 대해 자연스럽게 익히도록 하는 것이다 (우리 어머니 이름도 김정희이니 아이들은 할머니 이름도 절대 까먹지 않으리라 하하하). 이렇게 암기란, 교육이란 것은 연상과 결부를 통해 가장 잘 습득되며, 특히 우리 집안의 것, 우리 주변의 것, 자기 마을의 것부터 가지를 뻗어 나가면 보다 손쉽게 큰 나무로 자라날 수 있는 것이다.

그렇다. 자신이 사는 동네에 대해서도 잘 모르는 사람이 어떻게 다른 지방과 외국에 대한 정보에 밝을 수 있겠는가. 물론 그럴 수 있을지도 모르지만 나는 그것이 정상적이라고 생각되지도 않으며 어느 순간 한계에 부딪히거나 공허함으로 다가올 때가 있으리라 본다. 주변의 많은 아이들이 옆집 사람들과 인사도 잘 하지 않으면서 커서 유엔 사무총장이 될 꿈을 꾸고 있는 경우가 있는데, 정말로 우습지 아니한가. 그래서 나는 내 아들과 딸들에게 늘 우리 집 주변의 가게와 그 간판, 관공서,

공원 등에 관심을 가지게 만들고 이웃 사람들과 친하게 지낼 것을 강조한다. 이 모든 것이 결부법을 위한 소중한 재료가 될 수 있으니 말이다. 더구나 나의 이런 교육은 굳이 결부법을 익혀 암기왕이 되는 데 실패하더라도 자신의 이웃과 마을을 사랑하는 건강한 시민으로 자라날 수 있고 그들의 삶이 누구보다 풍요롭고 행복할 것이라 기대한다.

고시촌에서 가장 비싼 방

신림9동 구전

공부 중에서 가장 고달프고
외로운 싸움 같은 것이 고시공부라고 한다.
적어도 내가 대학교 다닐 때만해도 그랬었다.
100명 중에, 1,000명 중에 합격하는 사람은
고작 한 두 사람뿐이라 그야말로
피를 말리는 외로운 전쟁 같은,
아니 마치 산속에서 혼자 도(道)를 닦는 것과
같다는 말이 더 어울리는 그런 공부다.

이번 이야기는
내가 대표적 고시촌이라고 하는
신림9동에 머물면서 공부할 때
겪었던 일에 대한 것이다.
아마도 그 동네에서 몇 년을
썩어 지내 본 사람들 사이에서는
많이 알려진 하지만
대부분 사람들은 잘 모르는 이야기인데,
시험을 준비하는 사람들에게
시사하는 바가 있는 이야기라
소개하고자 한다.

고시촌에서 만난 반가운 얼굴들

1991년 대학 2학년 여름방학 때의 일이다. 방학이 시작되자 나는 대학입시 준비 시절에 머물며 공부한 적이 있던 서울대 근처 신림9동 고시촌에 방을 얻었다. 대학 1학년 때 나는 기숙사비와 생활비를 아끼기 위해 방학 때마다 고향 삼천포로 내려갔지만 2학년이 되자 슬슬 미래를 위해 뭔가 준비를 해야겠다는 생각이 생겨 고시촌에 방을 잡은 것이다. 당시 내가 방학동안 서울에서 머물 곳으로 신림동 고시촌을 선택한 것은 저렴한 하숙비와 함께 개인별 독방구조로 누구에게 방해받지 않고 공부하기 딱 좋으며, 무엇보다 그곳 고시원에서는 고맙게도 3끼 식사를 모두 제공해 주니 시골에서 올라와 있는 학생들이 머물기에는 이보다 더 안성맞춤인 곳은 없었기 때문이었다. 더군다나 신림9동 고시촌은 관악산 기슭에 자리 잡고 있어 식사 후에는 가까운 약수터를 찾아 산길 여기저기를 산책할 수 있는 환경으로 공부에 지친 학생들이 가끔씩 휴식하고 재충전하기에도 좋았다.

나는 하얀색 외관을 자랑하는 4층 건물의 '태학관'이라는 고시원에 월 20만 원 정도의 돈을 내고 들어가게 되었다. 먼저 기숙사에서 사용하던 담요와 입던 옷 몇 벌을 짊어지고 와서 배정받은 방 한구석에 던져두고 나는 몇 가지 생활용품을 사러 고시촌 아래에 있는 재래시장을 방문하였다. 그리고는 방학동안 읽을 책을 몇 권 산 후에 45도에 가까운 경사를 자랑하는 고시촌 깔딱고갯길을 낑낑거리며 올라오고 있었다. 한 참을 그렇게 걷다가 잠시 걸음을 멈추고 머리를 들어 길 위쪽을 쳐다보니 낯익은 얼굴이 나를 쳐다보며 한 손들 높이 들고 반기는 것이 아닌가. 다름 아닌 고등학교 3학년 1반 같은 반 친구 김지훈 이었다. 나랑 성은 다르지만 이름이 같아 진주동명고등학교 다닐 시절부터 각별(?)했던 친구이다. 이름은 같지만 말라깽이인 나와 달리 덩치가 곰처럼 크고 공부도 나보다 잘 했던 김지훈. 하지만 이 녀석은 시험운이 지질이도 없어 두 번이나 대학입시에 낙방하고 여기 고시촌에서 공부를 하고 있는 삼수생이었다.

당시 내가 다니던 진주동명고등학교는 전국에서 서울대를 가장 많이 보내기로 유명하였는데 한 반에서 약 6명 정도가 서울대에 입학하여, 문과 4반 이과 6반에서 일 년에 60명 정도의 서울대 합격생을 배출하고 있었다. 그러다보니 선생님이나 학생들 모두 목숨 걸고 꼭 서울대에 입학해야 한다는 강박관념을 가지고 있었던 것 같다. 내 생각에는 이 친구도 그러한 분위기의 희생양이었는데, 고려대나 연세대의 법대나 상경학과에 입학하면 될 것을 굳이 서울대에 목을 매고 고생을 사서 하는 것이 너무나 안타까워 보였다.(참고로 당시에는 수시모집도 없었고 지금처럼 한 번에 여러 학과를 동시에 지원할 수 있는 것도 아니고, 자기가 원하는 학교와 학과를 먼저 선택하고 나서 시험을 치는 거라 수험생 입장에서는 상당히 위험부담이 큰 입시제도였다. 시험당일 컨디션을 조금이라도 망치면 1년 후 다시 시험을 치러야 하는).

이유야 어찌되었던지 간에 나는 이 친구 덕분에 방학 동안 외롭지 않게 지낼 수 있어 반갑기 그지없었다. 우리는 정겹게 인사를 나누고 저녁을 먹고 약수터까지 같이 산책을 하였는데, 가는 길에 우리는 고시촌에 머물고 있는 고등학교 같은 반 친구 두 명을 더 만날 수 있었다. 이들은 고시촌 바로 옆 대학인 서울대학의 법대에 재학 중이었으며 사법고시를 준비하고 있었다. 고시촌 고시생의 경우 대부분 식사 후에 삼삼오오 약수터까지 산책을 하거나 돌산이라 부르는 고시촌에서 왕복 약 30분 거리의 아담한 산에 오르내리는 사람들이 많았는데, 산책과 등산을 통해 하루 종일 책상 앞에 앉아서 시름하느라 쌓인 스트레스를 조금이나마 풀어보고자 하는 목적이었다.

그리고 또한 며칠 후에는 내가 대학입시를 준비할 때 인생 선배로서 많은 조언을 해 주었던 봉한이 형도 만나 오랜만에 회포를 풀었다. 봉한이 형은 서울법대를 나와

외무고시 최연소 합격생으로 이름을 날렸지만 외교관이 적성에 안 맞아 사표를 내고 다시 사법고시를 준비하고 있었는데, 검도 3단에 카리스마 있는 눈빛을 가지고 대학입시를 준비하는 어린 나에게 많은 조언을 해 주었던 것으로 기억난다. 이렇듯 오랜만에 찾은 신림9동 고시촌에서는 옛 지인들을 여기저기 볼 수 있어 나름 웃을 일도 있고 외롭지 않게 지낼 수 있어 좋았다. 우리는 가끔 식사 후에 고시원 근처 약수터나 밤늦은 시간에는 근처 분식점에서 만나 잡담도 하고 공부에 관한 정보를 공유하기도 하였다.

고시촌에서 벌어진 참사와 봉한이 형의 이상한 질문

그러던 어느 날, 저녁 무렵이었다. 태학관에서 공부를 하던 나는 고시원 밖에서 들리는 떠들썩한 소리를 듣고 나가 보았다. 밖에 나가보니 고시원에서 약 50미터 거리 정도에 있는 약수터에서 무슨 사고가 났는지 인근에는 경찰차가 서 있었고 많은 사람들이 웅성거리고 있었다. 알고 보니 약수터 근처에서 고시생끼리의 말다툼이 주먹다짐으로 커지고 다툼 끝에 급기야 한 사람이 죽고 말았다고 한다. 당시 고시 합격자 발표를 한 지 얼마 지나지 않은 시점이었는데 낙방한 한 고시생에게 옆에 있는 친구

녀석이 "넌 머리가 나빠서 그래"라고 농담 삼아 이야기 한 것이 화근이 되어 벌어진 일이라고 한다. 고시공부 하는 사람들 중 많은 사람들이 어려운 가정형편 속에 힘겨운 도전을 하고 있기 때문에 늘 민감한 정신 상태에 놓여 있는 경우가 많다. 더구나 장래를 결정하는 큰 시험에서 고배를 마신 경우에는 그 충격이 심히 크므로 되도록이면 그런 사람들 옆에서는 입 조심해야 할 것이다.

사고현장을 둘러보고 고시원으로 돌아온 나는 또 다른 반가운 손님을 맞았다. 다름 아닌 나랑 같은 집에서 하숙하며 대학입시를 준비하던 단짝 친구 송원영이가 고시촌에서 삼수를 하는 김지훈이를 응원하기 위해 방문한 것이었다. 이렇게 해서 다시 만난 우리는 대학입시 준비 시절 멘토이신 봉한이 형 공부방을 찾아가기로 했으며, 형은 오랜만에 다시 찾은 우리를 반겨주고 삼겹살 파티를 열어 주셨다 (당시 봉한이 형은 모 대학교수랑 결혼하여 주머니 상태가 우리보다 넉넉하였다). 봉한이 형은 선비같고 조용한 성격의 원영이가 경찰대학에 합격 해 잘 다니고 있다는 것과 건강이 안 좋은 상태에서도 대학입시를 포기하지 않고 치러 고려대 경제학과에 합격한 나를 장하다고 격려 해 주셨고, 서울대에 합격하기 위해 3번 째 도전하고 있는 김지훈의 열정에 대해서도 칭찬을 해 주셨다. 아무튼 우리는 오랜만에 이렇게 만난 것이 너무나 기뻤고 반가워서 저녁 늦게까지 그 자리를 뜨지 못했으며, 식탁에 남아 있는 마지막 과자 한 봉지를 아껴 먹어가며 옛 이야기의 추억에 젖어 들었다.

그런데 그렇게 즐거운 시간을 보내던 중, 갑자기 봉한이 형이 이상한 질문 하나를 던졌다.

"야 원영아, 오늘 요 옆 약수터에서 고시생 하나가 죽었어. 알고 있냐? 근데 말이야, 그 죽은 사람이 있던 그 고시원 방은 어떻게 될 것 같으냐?"

봉한이 형의 갑작스럽 질문에 원영이는,

"뭐가 어떻게 되요? 사람이 없어졌으니 다른 사람이 쓰겠죠 뭐."

라고 하며 약간 퉁명스럽게 답했는데, 방금 전까지 아무렇지도 않게 생각하던 나는 갑자기 묘한 기분에 사로잡혔다. 원영이는 장래에 경찰관이 될 몸이라 아무런 느낌이 없었는지 몰라도 산기슭에 있는 고시원 독방에서 밤늦게 공부를 해야 하는 김지훈이와 나로서는 그러한 질문 자체가 왠지 거북하고 마음이 편치 못했다.

봉한이 형은 원영이의 답변에,

"야, 그걸 누가 모르냐 임마? 내말은 그 말이 아니고, 그 사람이 있던 그 방의 값은 어떻게 될 거냐는 말이야."

라고 다시 물었다(형의 말투는 언제나 좀 터프하다).

나는 '아니 사람이 죽었는데 방값을 왜 걱정할까'라고 생각하였고, "형 사람이 죽었는데 그 방은 당분간 아무도 안 들어오려고 하겠죠. 그리고 그 정도의 상황은 고시원 주인도 받아들이겠죠. 사람이 죽은 마당에…"라고 말했다.

그리고 내말에 대해 원영이과 김지훈이도 당연히 그렇게 생각한다는 뜻을 내비쳤다. 하지만 우리들의 반응에 대해 봉한이 형은 정반대의 의견을 내어 놓았는데, 형의 말에 우리는 모두 금방 수긍할 수밖에 없었다. 봉한이 형은 대학시절부터 시작하여 신림9동 고시촌에서 무려 15년 넘게 살아온 이 동네의 터줏대감으로서 고시촌의 산증인이었기 때문에 형이 과거 사례를 들어가며 주장을 할 경우 대체로 우리는 그 말을 믿을 수밖에 없었다.

형의 말에 따르면 과거에도 고시원에 머물던 고시생이 죽은 경우가 여러 번 있었다고 한다(허기야 수십 년의 역사를 자랑하는 신림9동 고시촌에 무슨 일인들 안 벌어졌으랴). 그런데 이상하게도 사고가 난 그 방에 들어온 학생은 그 해 시험에 합격하였다고 한다. 누구는 고시공부하다 죽은 한 맺힌 귀신이 그 방에 아직 남아 있어 그렇다고 하는 사람도 있고, 그냥 우연의 일치일 뿐이라고 하는 사람도 있는데 봉한이 형이 본 바로는 100% 시험에 합격하였더라는 것이다. 아니 오랜만에 만나서 즐거운 대화를 나누다 갑자기 한 밤중에 귀신이야기를 하니 화가 나기도 하고 한편으로는 밤늦게 혼자 태학관의 내 방문을 열고 들어갈 생각을 하니 무섭기도 하였지만 참으로 희한한 일이라는 것은 분명하였다. 그리고 이어진 형의 설명은 이러하였다. 과거에도 여러 번 그런 사례가 있었고 그 때마다 그 방을 쓰던 사람이 합격하자 어느 때부터인지 그런 경우가 생기면 그 방의 하숙비에는 프리미엄이 붙게 되었다는 것이다. 즉, 다른 방의 가격이 20만원이면 그 방은 5~10만원 더 비싼 값이라고 한다. 그

것도 고시원 주인이랑 친분이 있거나 운이 좋아야 그 방을 차지할 수 있기 때문에 그런 방에 들어가기는 정말 어려우며 이 방의 경우도 아마 지금쯤이면 먼저 선점하려고 줄을 섰을 것이라는 것이다.

나는 한 편으로는 '그래 고시만 붙는다면 그 정도 돈이야 아깝지 않을 것 같다'라는 생각과 함께 '아니 그 방 쓴다고 합격한다는 보장도 없는데 미친 짓 아니야? 죽은 사람이 얼마 전까지 쓰던 방이라면 무서워서 잠도 제대로 자지 못할 것 같은데, 과연 돈을 더 주고 그길 들어가는 게 옳은 일인가'라는 생각이 동시에 들어 한 참을 그 문제에 대해 생각해 보았다. 만약에 진짜 귀신이 있어 그런 거라면 이 얼마나 무서운 일인가. 귀신의 도움으로 고시에 합격하려는 생각 자체가 기이한 일이 아닐 수가 없는 것이다. 나는 그날 내 방으로 돌아와 불을 끄고 누웠지만 그 놈의 프리미엄 붙은 방 이야기 때문에 제대로 잠을 잘 수가 없었다. '과연 세상에 귀신은 있는 것인가 없는 것인가'라는 것부터 시작하여 지금 내가 그 방에 누워 있다면 어떨까라는 끔찍한 생각들 그리고 그 방에 돈을 내고 들어가는 놈은 정말 간이 큰 놈일 것 같다는 생각들을 하면서 새벽까지 고시원 창문에 걸린 달을 쳐다보며 생각에 잠겼다.

프리미엄 붙은 방에 대한 나의 생각

세상에 고시에 합격하고 출세하고 싶지 않은 사람이 어디 있을까? 그래서 그 많은 고시원의 방들이 밤늦도록 힘겨운 불을 밝히고 있는 것일 테니 말이다. 그렇게 많은 사람들이 목숨을 걸고 다들 열심히 공부하는데 왜 프리미엄 붙은 방에서 합격자가 많이 나오는 걸까? 이 황당한 질문에 대해 나는 좀 더 냉정하게 생각해 보았다.

먼저 귀신이 정말로 합격에 영향을 미쳤나하는 것부터 짚고 넘어가보도록 하자. 이 문제는 사람마다 종교관이 달라 꺼내기가 좀 곤란한 면도 있다. 하지만 일단 나는 귀신이 없거나 있더라도 우리 삶에 영향을 미치지 않는 것으로 가정을 하고 이야기 하겠다. 더구나 독실한 기독교 신자들은 예수 그리스도만 외치면 귀신은 물러나고 불교 신자들은 나무아미타불을 외치면 귀신이 있더라도 별 문제가 안 될 터이니 말이다.

그렇다면 왜 프리미엄 붙은 방에 합격비율이 높을까? 우리는 이와 유사한 사례를 많이 보아 왔다. 내가 학교 다니던 시절에는 경남 진주지역 고등학교는 서울대 합격 비율이 아주 높았는데 나의 모교인 동명고등학교의 경우 서울대 합격생이 한 반에 55명 중 5 이상으로 비율로 따지면 10% 정도가 서울대에 들어 갔다. 반면 내 고향 삼천포에 있는 고등학교의 경우는 전교에서 두세 명 정도만 서울대에 들어갔는데, 그렇다면 진주동명고등학교의 선생님들이 그만큼 월등히 실력이 좋고 삼천포의 선생님들은 그렇지 못한 것일까? 정답은 '그렇지 않다' 이다. 물론 명문고에서 좋은 선생님을 잘 유치하여 선생님들의 실력이 더 좋을 수도 있을 것이다. 하지만 진주동명고등학교가 서울대를 50~60명 보낼 때 삼천포고등학교가 2~3명밖에 못 보내는 것은 비단 선생님들의 실력에서만 그 이유를 찾기에는 무리가 있어 보인다. 당시 진주지역 고등학교의 경우는 서부경남에서 유능한 학생들이 유학을 많이 왔다. 우리반 친구들만 보더라도 산청, 삼천포, 남해, 합천, 하동 등에서 상위권을 유지하던 학생들이 꽤 많았다. 즉, 입학생(Input)의 실력이 월등히 좋은 것이 주원인 이었다 (그렇다고 진주동명고등학교 선생님들의 실력을 폄하하는 것은 아니니 오해 마시라).

이런 경우와 마찬가지로 프리미엄 붙은 고시원 방에서 합격생이 높은 이유는 그 방이 특별하기 때문이 아니고 그 방에 들어가는 사람(Input) 자체가 다른 고시생과는 달리 월등할 수도 있을 것이다. 즉, 더 많은 돈을 내는 것도 감수하고, 귀신 붙은 방이라는 데서 오는 공포감까지 극복할 정도로 합격에 대한 강한 열정을 가진 사람이었을 수도 있다.

만약 이러한 이유가 틀리다면, 즉 프리미엄 붙은 방에 들어가는 사람이 다른 고시생과 달리 딱히 월등하지 않았다면 도대체 그 방만의 어떤 요소가 놀라운 합격비율을 시현할 수 있게 하였을까? 무엇이 그들을 달라지게 하였을까?

그러한 놀라운 결과에 영향을 미쳤을 수 있는 요소들을 생각해 보면 다음과 같다

첫째, 과거부터 프리미엄 붙은 방은 죄다 합격하였으니 나도 이번에 붙을 거야 하는 강한 믿음 내지는 자신감이 영향을 미쳤을 가능성이다. 이는 플라시보효과(일명 '위약효과')라고도 하는데, 아무런 효과가 없는 약을 감기약이라고 믿고 먹었는데 감기약을 먹은 것으로 착각하여 치료가 되는 현상과 유사한 경우일 수 있다는 말이다.

둘째는 내가 비싼 방을 잡았으므로 이번 꼭 합격해야 한다는 절박감이 더 열심히 공부를 하게 하였을 수도 있다. 이것은 우리가 공짜 헬스장보다 돈을 지불한 헬스장에 더 부지런하게 가게 되는 것과 유사한 경우라고 하겠다.

셋째는 공부방의 분위기에서 오는 집중력 강화 현상이다. 즉, 얼마 전까지 이 방에서 공부하던 누군가가 죽었다는 공포감 내지는 으스스함이 학습 집중력을 상당히

끌어 올렸을 수도 있다는 것이다.

독자의 생각은 어떠한가. 물론 위에 나열된 모든 요소가 복합적으로 작용했을 수도 있다. 하지만 그간 여러 고시생과 같이 방을 써보기도 하고 직접 고시공부를 해본 경험을 통해 내린 나의 결론은 마지막에 언급한 집중력에 대한 영향이 가장 설득력을 갖는다고 생각된다.

왜냐하면 그 방에 들어가는 사람(Input) 자체가 달라서 즉, 합격에 대한 열망이 월등해서 그렇다고 하기에는 프리미엄 붙은 방의 합격률이 너무 높았다는 것이고, 고시합격이 그렇게 방을 잡을 때의 열정만으로 결판나기에는 너무 힘든 시험이라는 것이다. 그리고 내가 비싼 방을

잡았기 때문에 꼭 합격해야겠다는 절박감도 그리 큰 영향을 미쳤다고 보기에는 무리가 있다. 합격에 대한 절박감이라는 것은 고시촌에서 살아 본 사람이면 누구나 느낄테지만 그보다 더 절박한 상황 속에서도 번번이 떨어지는 경우를 너무나도 많이 봐 왔기 때문이다. 그렇다면 남은 것은 합격에 대한 강한 신념과 공부방의 분위기에서 오는 집중력 증가 효과인데 '그래 당연히 내가 합격할 거야'라는 믿음도 물론 중요하며 공부에 대한 스트레스를 줄일 수는 있어 어느 정도 영향을 미칠 수 있다고 생각되지만 공부는 집중력이 무엇보다도 중요하기 때문에 나는 마지막의 집중력 강화 효과를 가장 큰 요인으로 꼽고 싶다.

공부는 생각보다 공부하는 방의 환경이 상당히 중요하다. 만약 당신이 얼마 전에 사람이 죽었던 방에서 공부한다고 상상해보라. 그 방은 산기슭에 위치하고 더구나 독방에서 공부한다고 말이다. 밤이 늦어 밖에 지나가는 사람들 발소리조차 잦아들고 캄캄한 방에 스탠드 불빛만 유일한 나의 친구로 다가올 때, 순간 오싹함과 동시에 정신이 번쩍 들면서 집중력이 무지무지 끌어올려지게 된다.

나는 이와 유사한 경험을 어릴 때부터 많이 하였다.

중학교 때 시골이라 마땅히 저녁에 공부할 독서실이 있는 것도 아니고 학교는 일찌감치 문을 닫아서 나는 친구 상욱이와 용두동 마을회관에서 공부를 하곤 했다 (도시에서 나고 자란 사람들에게는 과거 시골 마을회관이 어떤 것인지 정확히 설명하기는 좀 어려울 것 같다).

그 마을회관은 20평 남짓한 작은 단층건물로서 허름하기 짝이 없었으며, 넓고 넓은 논두렁 위에 덩그러니 지어져 있었는데, 밤 8시쯤 되면 세상이 고요하고 마치 귀신이나 산짐승이 뛰쳐나올 듯해서 무서웠는데 이상하게도 이 마을회관에서 공부할 때는 딴 생각이 들지 않고 공부 진도가 가장 빨랐던 것으로 기억된다.

뭐 그렇다고 공동묘지 옆에 움막 짓고 공부하라는 말은 아니다. 다만 공부에는 환경적 요소가 상당히 중요하게 작용하며, 그러한 환경이 우리의 정신자세를 흐트러지지 않게 하는 구조라면 금상첨화라는 것을 말하고 싶고 위 이야기에 나오는 신림9동의 프리미엄 붙은 방과 같은 경우는 공부 집중력을 가장 잘 유지될 수 있는 경우라는 것이다.

그러므로 우리는 공부를 할 때 무작정하기 보다는 내가 공부하는 장소가 나의 정신자세와 집중력에 어떤 영향을 미치는지를 먼저 따져보고 하는 것이 상당히 중요하다. 대학교 다닐 때 보면 여자 친구와 같이 도서관에서 마주앉아 공부하는 경우를 종종 보게 되는데 이런 경우는 집중력을 유지하기 좋은 환경이라 말하기 어렵다. 또한 집에 있는 공부방의 경우 책상이 창문을 향하고 있을 경우라든 지 책상위에 너저분하게 인형 같은 것이 올려져 있는 경우에는 시선과 생각이 자꾸 그쪽을 향할 수밖에 없어 집중력을 떨어뜨린다고 할 수 있다. 물론 영화처럼 어머니의 원한을 갚기 위한 복수심에 불타는 소년의 경우라든지 불치병으로 고생하는 가족을 위해 집안을 일으켜 세워야하는 절박감을 가진 경우라면 달리는 버스 안에서도 고도의 집중력이 생길수도 있겠지만 모든 사람이 그렇게 영화처럼 살 수는 없는 것이다.

침묵의 마법사

예수, 이문영 고려대교수

이 장은 남을 **변화**시키는
마법에 관한 것이다.
내 자신을 눈곱만큼이라도
제대로 변화시키기가 어려운 것이 사람인데
감히 남을 변화시키는 것이 어떻게 가능할까?
정말 어려운 일이다.
그냥 모르는 것 하나 일러 주는 것은
쉬울지 모르나 다른 사람의 능력이나
성격, 습관 그 어느 하나라도
진정으로 변화시키기란 참으로 어렵다.
하지만 생각해 보면 우리 가까이에는

늘 그런 **능력**을 가진 분들이 존재하고 있으며
또한 이런 분들이 있어 세상이 발전되고,

신나며, **감동**받을 일이 생기는 것 같다.
이야기는 대학교 시절 기억에 남는
원로 교수님의 이야기로부터 시작된다.

이문영 교수님에 대한 기억

많은 사람이 그렇듯이 대학을 졸업하고 십수 년이 지나면 학교 때 강의 들은 것 중에 10분의 1은 고사하고 수강한 과목의 이름조차 기억이 가물가물 한 것이 사실이다. 그 이유는 내가 강의를 들은 시점과 현재 시점 사이에는 존재하는 시간적 갭이 꽤 크다는 사실 때문만은 아니며, 졸업을 하고 직장을 다니게 되면서부터 이른바 세상이라는 곳에서 갖은 편지풍파를 겪으면서 학교 적 일을 머릿속에 떠올릴 마음의 여유가 없어졌기 때문 일 것이다. 더구나 결혼을 하고 아이를 갖게 되면 학교 친구들하고 만나서 이야기할 기회도 사라지고 신경이 온통 회사와 집안의 육아에만 매달리다보니 훌쩍 지나가버린 십수 년이 마음으로는 마치 엊그제처럼 느낄지 모르지만 그 시절은 까마득한 세월이 지난 옛 이야기가 되고 젊었던 내 친구들은 이제 머리가 히끗히끗 한 중년이 되어 있으니 내 몸과 내 두뇌의 노화 현상을 고려하지 않더라도 대학강당에서 설파하신 당시 교수님의 외침이 제 아무리 열정적이었다 한들 내가 그 내용을 기억할 리 만무하다는 것은 쉽게 받아들일 수 있다.

하지만 한편으로는 그 많고 많은 강의 중에서 특이하게도 우리의 뇌리에 깊게 남아 강의하던 그 얼굴 표정은 물론 설명하시던 비유나 문구 하나하나까지 기억에 새록새록 남는 분도 있다. 나에게도 이런 분이 있었으니 그분은 바로 '행정학의 원리'를 가르치셨던 故이문영 교수이다.

대학교 1~2학년 시절, 당시 나는 행정고시에 뜻이 있어 고시공부의 일환으로 '행정학의 원리'라는 강의를 수강하였다. 하지만 교수님은 1년 내내 고시공부에 필요한, 교과서에 있는 내용에 대한 해설보다는 자신이 살아온 삶이나 대한민국의 역사, 그리고 우리 주변의 이야기를 행정학과 연관 지어 말씀하시길 좋아하셨고, 또한 수업시간이 절반정도 지나면 남은 시간은 인생을 먼저 살아온 선배로서 아버지가 아들에게 혹은 큰 형이 막내 동생에게 가르치듯 삶이 무엇인지, 어떤 삶이 올바른 것인지 등에 대해 강의하곤 하셨다. 그 때 강의실에는 나처럼 행정고시를 준비하고자 하는 학생이 실수로 이 강의를 잘못(?) 수강한 경우가 적지 않았는데, 나도 그랬듯이 이문영 교수님의 강의를 들은 것을 후회하는 사람은 찾아 볼 수 없었다. 대부분은 오히려 이런 훌륭한 분을 눈으로 직접 보는 것만으로도 만족해 하는 것이었다.

아쉽게도 이문영 교수님은 올해 초(2014년 1월) 향년 88세의 나이에 그가 늘 따르던 하나님 곁으로 가셨다. 서점에서 교수님이 지으신 책을 검색해보면 쉽지 않게 교수님의 명저들을 발견할 수가 있는데 『3.1운동에서 본 행정학』, 『논어 맹자와 행정학』, 『자전적 행정학』, 『인간 종교 국가』, 『겁 많은 자의 용기』들이 그것이다. 누구나 제목만 보아도 이 분이 단순히 행정학만을 위한 행정학을 연구하신 분이 아닐 거라는 것을 직감할 수 있을 것으로 본다. 일반적으로 사람들은 행정이라는 것은 정권을 잡은 집권세력이 추구하는 바의 이상을 실현하기 위한 도구로서의 행정, 이미 만들어진 법질서에 순응하는 행정을 머릿속에 떠올린 것이지만 이문영 교수님은 그의 책에서도 그리고 그의 삶에서도 그렇듯이 끊임없이 정권의 부정을 고발하고 최소한으로 국민이 가져야할 기본 권리를 당당히 주장하시다가 수많은 고초를 당하신 분으로 한 마디로 우리나라 행정학의 산 증인이다. 교수님은 (자칭) 겁이 많은 몸으로 대한민국의 민주화를 위해 세 차례에 걸쳐 4년 6개월간 감옥살이를 하셨고, 9년 6개월 동안 교수직에서 해직을 겪으신 민주투사로 유명하신 분이기도 하다.

내가 이 책에서 교수님에 대한 이야기를 꺼낸 것은 학기 초에 교수님이 들려주신 자신의 어린 시절에 대한 이야기 때문인데, 나는 이 이야기가 공부를 하는 학생에게 또한 그러한 학생을 자식으로 둔 학부모에게도 상당한 의미가 있을 것으로 생각한다.

이문영 교수님의 아버지와 마법

다음은 학기 초 우리에게 들려준 교수님의 어린 시절 이야기다.

「나는 초등학교 시절 그리 공부를 잘하지 못하였다. 그러던 어느 날 평소보다 시험 성적이 유달리 잘 나왔다. 그날 내가 받은 점수는 70점이었던 것으로 기억난다. 내가 70점에 그토록 기뻤던 것을 보면 당시 내 성적이 어느 정도였는지 짐작할 수 있을 거라 본다. 아시는 바와 같이 당시 학생들은 시험지를 받으면 그것을 부모

님에게 보여드리고 부모님의 도장을 받아와야 했다. 나는 그날 학교에서 헐레벌떡 달려와 집에 들어섰는데 나는 그 나름 뿌듯한 성적의 시험지를 부모님께 보여드리기 위에 집에 오자마자 책가방을 열었다. 당시 아버지는 툇마루에 앉아 계시고 어머니는 보이지 않았는데 내가 시험지를 아버지에게 내밀었을 때 아버지는 아무 말씀도 안하시고 무표정한 얼굴로 잠시 고개를 한 쪽으로 돌리시다가 방에서 도장을 꺼내어 묵묵히 꾸-욱 누르고는 시험지를 나에게 건네 주셨다. 나는 아버지의 얼굴에서 기뻐하시는 빛이 없음을 알아차리고 크게 깨달았다. '아 뭔가 잘 못되었구나. 내가 이 정도의 성적으로는 정말로 문제가 되는 구나'라는 것을 그 어린 나이에도 바로 짐작할 수 있었다. 아버지는 당시 나에게 아무 말씀도 조금의 화도 내지 않으셨으며 단지 기뻐하지 않는 얼굴 표정을 나에게 비췄을 뿐인데 나는 그 때 내 인생을 바꾸게 되는 계기를 맞이하였다. 어쩌면 아버지는 아들인 내가 기(氣)가 꺾일까봐 마음에 상처가 될까봐 당신의 실망한 마음을 감추려고 했을 런지도 모른다. 하지만 나는 아버지의 마음을 읽을 수 있었고 그 잠깐의 침묵이 나에게는 그 무엇보다도 매서운 훈계로 다가왔던 것이다.」

여기까지는 내가 강의 중에 교수님에게서 들은 이야기이다.

다음은 교수님의 저서 『겁 많은 자의 용기』에서 발췌한 당시 상황을 설명해 주는 내용이다.

"아버지는 아무 말씀도 하지 않고 그저 조그만 도장을 찍어 주셨다. 나는 이때 아버지의 모습을 불쌍하게 보았다. 내 누님들은 다 중학교에 다니고 있는데 아들이라는 내가 이런 성적으로는 아무데도 진학 못할 것이고, 이런 아들을 둔 내 아버지는 불쌍하구나 하는 생각이 들었다. 한편 그 때 아버지가 화를 내거나 나를 때리셨다면 나는 덧나고 말았을 텐데, 아버지가 아무 말씀을 안 하셨던 것이 내 마음을 흔들었다. 아버지가 나를 능히 때릴 수 있는 계제도 되고 권한도 갖고 있는데 나를 때리지 않은 것을 나는 괴로워했다."

누나들은 다들 공부를 잘하는 데 집안의 아들만 공부를 못할 경우 아들이 받는 스트레스는 상당히 크다고 한다. 물론 그러한 아들을 바라보는 부모님의 속도 새까맣게 타들어 갈 것임에 틀림없다. 보통의 경우 자식 중에 한 녀석이 유달리 공부를 못할 경우 그 자식에게 나름 많은 정성을 쏟게 되며 쏟은 정성에 비해 결과가 신통치 못한 대부분의 경우 그 자식을 알게 모르게 구박하게 된다. 그리면 그러한 구박을 받은 자식은 (물론 그 부모는 자신은 그 자식을 구박한 적 없다고 미워한 적 없다고 말할지 모르지만) 상황을 귀신같이 간파하고 더욱 침울하고 자신감을 상실하게 마련이며 성격에 따라서는 탈선의 길로 들어서는 경우도 있을 것이다. 하지만 이문영 교수님 아버지의 경우는 화냄과 회초리가 아니라 인내와 침묵으로 아들을 더 아프고 강력하게 훈계 내리셨다는 것을 생각하면 존경을 표하고 싶다.

교수님은 아버지의 호된(?) 훈계 덕택에 마음을 고쳐먹고 열공모드로 전환하였는데, 물론 3년 동안 여덟 번이나 낙방하는 어려움도 있었지만 결국 '수송보통학교(중학교)'에 입학하여 훗날 고려대학교 행정학과 교수로, 우리나라 행정학계의 거두로 커갈 수 있게 되었다.

진실로 사람을 변화시키는 것의 어려움

사실 이문영 교수님과 교수님의 아버지 사이에 벌어진 이러한 일을 머릿속에 그림처럼 그려보면 상당히 드라마틱한 순간이 아닌가 생각된다. 하지만 이러한 일들이 흔하게 벌어지는 것은 아닌 것 같다. 공부하는 사람이라면 아니 공부가 잘 안 되는 학생이라면 누구든지 게으름과 유혹에 흔들려 헛되이 날려버린 시간을 수시로 안타까워하면서 어떻게 하면 자신이 변화할 수 있는지 어떻게 하면 달라 질 수 있는지 번뇌하고 고민하고 있을 것이다. 하지만 대부분의 경우 자신의 과오를 뻔히 알고서도 고치기가 참 어렵다. 정말이지 '작심삼일'이란 말은 누가 만들었지 모르지만 가슴에 와 닿는 사자성어이다.

하지만 한 가지 더 짚어두고 싶은 말은 자신을 변화시키는 것보다 진실로 어려운 것은 눈곱만큼이라도 남을 변화시키는 일일 것이다. 아마도 자식을 둔 부모님들은 누구나 자식이 내 맘대로 커가지 않는 것에 대해 힘들어 할 것이며 결혼한 부부들은 내 아내가 또는 내 남편이 내 맘같이 살아주지 않는 것에 대해 고통스러운 경우가 허다하다. 나도 가족이나 주변 사람들이 내 맘 같지 않아 답답한 마음에 모 대학 심리학과 교수가 쓴 『가끔은 제정신』이란 책을 읽으며 위안을 받은 적이 있다. 이 책에서 저자는 세상에 벌어지는 일들이나 세상 사람들의 생각은 내 머릿속에 생각하는 것과 다른 경우가 대부분이며 이러한 사실을 완전하게 깨닫고 살기에는 너무나도 세상이 힘겨우니 아주 가끔씩만 이라도 그런 사실을 받아들이는 것이 이롭다고 말하고 있다. 저자는 우리 스스로가 세상에 대해 그리고 세상 사람들에 관해 수많은 착각을 하고 있다는 사실을 통계적으로, 논리적으로, 과학적으로 증명하며 제발 착각하지 말고 제 정신 좀 차리라고 경고하고 있다. 그러므로 나 자신의 생각과 마음 그리고 능력이나 여건은 남들과는 확연히 다르다는 것을 빨리 깨닫는 것이 세상을 더 잘 이해하고 불필요한 오해로부터 고통 받지 않는 길이라 하겠다. 만약 우리가 이러한 사실 (남들과 내가, 세상과 내가 그리고 서로가 생각하는 세상이 많이 다를 수 있다는 것)을 깨닫고 받아들인다면 내 자식과 내 배우자를 내가 원하는 방향으로 이끄는 것이 얼마나 어려운 것인지를 자각하게 될 것이다. 더군다나 공부라는 힘든 여정으로 끌어들이는 것이 얼마나 어려운 일인지 누구나 다 알면서도 정작 자기 자식은 어렵지 않게 양육할 수 있다는 착각이 우리의 삶을 더욱 고통스럽게 만들고 있는 것이다.

 그래서 나는 역사상 가르침을 통해 '사람들을 가장 급격하게 변화시킨 사람이 누구일까'라는 의문을 가지고 여러 위인들의 사례를 살펴보았다. 물론 히틀러처럼 기교 있고 힘 있는 연설로 온 나라를 자신의 사람으로 변화시키고 전쟁으로 몰고 간 사람도 있겠지만 나는 역사가의 평가상 인류에게 긍정적인 변화를 이끈 사람들만으로 범위를 한정하였다. 헬렌켈러의 스승처럼 한 사람을 크고 위대하게 변화시킨 경우도 있을 것이며 스티븐잡스처럼 명연설을 통해 온 세상 사람들에게 잔잔한 감동을 준 경우도 있을 것이지만 나는 누구보다도 예수님을 주목하지 않을 수 없었다. 그는 만나는 사람마다 그를 근본적으로 변화시키는 힘을 가지고 있었으며, 제자들을 잘 교육하여 그들이 평생 죽을 때까지 세상을 돌아다니며 하나님의 복음을 전파하도록 인도하셨다(여기서 나는 성경에 나오는 이야기를 되도록 종교적 관점이 아니라 '예수님=선생님', '열 두 제자=가르침을 받는 학생'이라는 시각에서 서술하고자 함을 미리 밝혀 두니 기독교 독자님들은 부디 오해 없기를 바란다. 실제로도 당시에는 예수님을 '랍비'라 불렀으며 랍비는 선생님이란 뜻이다). 도대체 예수라는 선생님은 열 두 학생들을 어떻게 가르쳤길래 그렇게 선생님 말씀대로 평생을 죽도록 열심히 공부하고 실천한 것일까? 물론 기독교를 믿는 사람들은 당연히 '예수님=하나님의 아들'이니 신의 능력으로 그런 일이 벌어지는 것이 너무 당연한 일이라고 생각할지 모른다. 하지만 나는 공부 마법을 조사하는 관점에서 다시 한 번 성경을 읽어 보았다. 과연 예수님과 그의 열 두 학생들 사이에서는 무슨 일이 벌어진 것일까?

예수님과 그의 열두 학생들

성경에서 예수님은 당시 최고의 선생님이라 칭송받던 요한으로부터 강가에서 세례를 받음으로서 사역을 시작하였다. 내 방식대로 해석하자면 서른이라는 다소 늦은 나이에 교사임용고시를 합격하고 교사자격증을 딴 것이라 하겠다. 물론 요한 선생님은 예수님이 자기에게 교사자격증을 발급받으려고 하자, "아이고 왜 이러십니까? 오히려 제가 배워야할 분이신데 제가 세례 줄 수 없습니다."라고 사양하다가 예수님께서 "다 좋은 일하자고 하는 일이니 하세요."라고 하자 세례를 베풀었다. 예수님은 아마도 자신도 모세의 율법을 따르는 것이 옳은 일이라고 생각하신 것 같으며, 이 대목에서 우리는 본인이 더 학식이 있고 똑똑하지만 자신을 낮추시는 예수님의 겸손함도 느낄 수 있다.

아무튼 그 후 예수 선생님은 갈릴리라는 바닷가로 가셔서 안드레아와 그의 형제 베드로를 제자로 선택하시는 것으로부터 시작하여 총 12명의 제자를 꾸려서 본격적인 수업을 시작하게 된다. 여기서 한 가지 짚고 넘어갈 것은 예수님께서 12명의 학급 학생 수를 정하신 것은 정말로 절묘한 선택이 아닌가 생각된다. 물론 2000년 전의 당시 사회 환경이나 여건이 지금과는 많이 다르지만 나는 한 선생님이 효율적으로 가르칠 수 있는 한 학급의 학생 수는 12명 정도가 가장 적당한 것이 아닌가 생각하고 있었다. 우리나라의 고등학교 교실을 들여다보면 20~30명이나 되는 학생들이 한 반에 모여 있어 선생님들이 개개 학생들에게 제대로 신경을 쓸 수가 없는 것 같다. 우리 집은 형님들과 형수, 조카들을 포함하여 모두 5명의 초중고 선생님을 둔 자칭 '선생집안'인데, 나는 형들로부터 우리나라 학교에서는 선생님들에게 쏟아지는 수많은 행정 잡무와 더불어 한 학급 학생 수가 너무 많아 선생님들이 제대로 된 강의 준비를 하기가 버겁다는 말을 자주 듣는다.

선진국의 경우 고등학교에서 교사 1인당 평균 학생 수는 영국이 12.4명, 프랑스가 12.7명, 독일이 12.4명으로 대체적으로 12명 수준이며, 미국의 경우가 이보다 약간 많은 14.5명인데 비해 우리나라는 22.5명이나 된다고 한다. 이렇듯 재정이 넉넉하고 교육에 대해 역사와 전통을 자랑하는 유럽의 선진국들은 평균 12명의 학급 규모를 꾸리고 있는 것을 보면 예수님이 꾸린 12명의 학급규모는 가히 절묘한 규모가 아닌가 생각된다. 학급당 학생 수를 줄이면 학생들의 학업성취도가 높아지며 학생 수를 20명 이하로 줄였을 때 학업성취도가 10% 이상 향상된다는 연구논문들이 우리나라에도 여럿 있으니 한

국도 12명은 아니더라도 20명 이하의 학급 규모로 되는 날이 하루 빨리 오기를 바라는 바이다.

열정적인 강의에 12제자의 성적은 어땠을까?

아무튼, 그리하여 서른 살에 큰 선생님이 되신 예수님은 약 3년 반 동안 제자들을 이끌고 그야말로 헌신적이고 열정적인 수업을 진행하였다.

기록 된 바 예수님의 첫 번째 강의(기적)는 화학수업이었다. 때는 바야흐로 베드로의 두 형제와 요한 등 대여섯 명의 학생이 모집된 지 불과 며칠 안 되었을 때의 일이었다. 그들은 예수께서 성장하신 나사렛에서 그리 멀지 않은 언덕에 위치한 가나라는 곳에 결혼식 초대를 받아 가게 되었다. 당시 결혼식에서는 예수님의 어머니인 마리아가 결혼식 손님들에게 필요한 것을 돌보는 일을 하고 있었는데 잔치에 포도주가 부족한 것을 알고 예수님께 포도주가 없다는 것을 알린다. 예수님은 하인들을 시켜 큰 돌 항아리에 물을 채우라고 지시하는데, 잠시 후 그 물이 포도주로 변하는 기적이 일어난다. 이것은 예수님이 행한 첫 번째 기적(실습교육)인데 물이 포도주로 변하는 화학적 작용을 보여주고 있다. 그런데 당시 예수님의 수업을 들은 베드로와 요한 등의 학생들은 무엇을 느꼈을까? 선생님이 쌀이나 떡을 만들지 아니하고 술을 만들었으니 앞으로 진행될 수업도 잔치처럼 즐거운 분위기로 진행될 것을 예견하지 않았을까. 아니면 이해가 빠른 요한은 물이 포도주로 화학적으로 완전히 변한 것처럼 자신도 과거와는 달리 새롭게 태어날 것이라는 것 같은 느낌을 받았는지도 모른다. 아무튼 학생들 모두가 큰 감동을 받았을 것이며, 머릿속에 많은 생각거리를 던져 준 강의가 아니었을까 짐작된다.

한편 예수님은 첫 번째 대중 앞 공개강좌는 산위에서 이루어졌는데, "심령이 가난한 자는 복이 있나니(Blessed are the poor in spirit)….".로 시작되는 '산상설교(The sermon on the mount)'가 그것이다. "the poor in spirit", 그렇다. 누구든지 가난하고 겸손한 마음이 있어야 선생님에게 다가오고 배우고자 하는 열정이 생긴다. 잘 먹고 잘살아서 걱정 없이 태평한 것을 우리는 복 받았다고 하나 공부할 마음이 움트기에는 악조건이니 우리 예수 선생님께서는 그런 복을 복이라 생각하지 않으신 것 같다. 물론 돈이 많고 지위가 높아져도 늘 마음이 가난한 사람들이 간혹 있지만 우리는 이런 사람을 영웅이라 부른다. 즉, 흔히 찾아보기 힘든 경우라 하겠다. 아무튼 예수님의 산위에서 한 길고 긴 명강의는 그렇게 시작되었는 데 강의 주요내용은 '세상의 빛과 소금이 되라', '원수를 사랑하라', '남을 도울 때는 몰래 하라', '기도하는 방법', '금식은 이렇게', '땅이 아니라 하늘에 재물을 쌓아라', '남을 판단하지 마라', '두드려라 그러면 열릴 것이다', '남을 먼저 대접하라', '하나님의 뜻대로', '배운 데로 행하라'와 같은 주옥같은 내용이었다.

물론 이 이후에도 예수님의 명강의는 3년 넘게 쉼 없이 계속되었는데, 때로는 대중과 호흡하는 공개 현장수업으로, 때로는 제자들만 모아 놓고 하는 토론식 강좌로 그리고 간혹 베드로나 요한처럼 성적이 월등한 학생만 모아놓고 하는 맞춤형 특별 강의를 통해 학생들을 열정적으로 교육시켰다.

그렇다면 이렇듯 훌륭한 선생님에게 배운 학생들의 성적은 어땠을까? 많이 향상되었을까? 만약 가르치는 선생님이 앞으로 내가 취업하고자 희망하는 회사(천국그룹)의 회장님과 친척이시고 선생님의 강의 내용이 주로 그 회사 입사를 대비하여 거의 '기출문제 유출' 수준으로 족집게 강의하듯 가르치고 있다면, 또한 선생님이 회장님과 평소 연락을 주고받으며 늘 소통하기에 회장님의 평소 생각과 입사시험장에서 나오는 면접질문이 어떤 것인지도 누구보다 잘 알고 있다면 어떨까? 보통 이런 경우라면 학생들은 수업에 100% 집중하고 선생님에 대한 믿음이 절대적일 수밖에 없을 것이다. 실제로 선생님이 천국그룹 회장님의 아드님이신 걸 제일 먼저 알아챈 베드로 학생은 이후에 천국그룹 입사가 보장됨은 물론이거니와 선생님을 이어 당시 처음으로 설립된 대학교의 초대 총장(제1대 교황)으로 부임하게 된다.

실제로 베드로 학생은 열 두 명의 학생 중 진도가 제일 빨랐으며 선생님의 사랑도 각별했던 것으로 보인다. 또한, 베드로 학생이 향후 초대 대학총장이 될 만큼 성공하리라는 것은 학교 수업 중에서도 이미 예견되었는데, 우리 속담에 '될성부른 나무는 떡잎부터 알아본다(잘 자랄 나무는 떡잎부터 안다)'라고 했듯이 가이사랴 빌립보 지방에서 선생님은 학생들에게 "사람들이 나를 누구라고 하더냐, 그리고 너희들은 어떻게 생각하느냐"라고 질문하자 베드로는 "천국그룹의 회장 아드님이시고 그 그룹의 지분을 소유한 대주주이기도 하지 않습니까"라고 거침없이 말하는 등 수업 이해도가 아주 남달랐다는 것이다. 물론 베드로의 이러한 대답에 선생님께서는 "그래 넌 장차 대학총장이 될 것이고 내 이론을 발전시킬 인물이로다"라고 극찬을 하였다(신약성경 마태

복음 16장 13절).

물론 선생님은 이러한 베드로 학생의 능력을 일찌감치 간파한 것으로 보이는데, 산상설교를 한 지 얼마 되지 않았을 때 베드로 학생 집으로 친히 가정방문도 하였다. 이 때 베드로 집에는 열병으로 앓아누운 베드로의 장모님이 계셨는데, 선생님은 손으로 만져 장모님의 병을 낫게 하신 적도 있다. 결혼을 한 남자들은 다들 눈치 채셨겠지만 장모님에게 이런 서비스가 들어간다는 것은 정말로 효과 만점의 선물이며, 감읍할 일인 것이다. 베드로의 아내는 남편에 대한 고마움으로 넘쳐났을 것이며, 아마도 아내는 '그래 울 엄마도 고쳐드렸는데, 까짓 것 선생님이랑 학교 연구실에서 며칠 밤새고 안 들어온다 해도 내가 다 용서한다 용서해'라고 생각하지 않았을까.

아무튼 예수님은 열 두 학생들을 데리고 문둥병도 고치고, 소경과 벙어리도 고치고, 여러 가지 비유를 들어 설명도 하시고, 물고기 두 마리와 떡 다섯 개를 가지고 무려 5천명이 넘는 사람들에게 배고프지 않게 급식 제공까지 하는 놀라운 일도 보이시고, 물위를 걷기도 하고 심지어는 죽은 지 며칠이나 되어 시체 썩은 냄새가 풀풀 나는 사람도 살리시고, 결정적으로는 선생님 본인이 죽은 지 3일 만에 다시 살아나 하늘로 올라가는 것을 눈으로 보여주는 등 천국그룹의 후계자임을 각인시켜 주기도 하였다. 하지만 아쉽게도 선생님의 수업은 3년 만에 끝나버리고 그 훌륭한 선생님은 결국 천국그룹으로 돌아가 이제는 학생들만 남게 되었다.

선생님이 떠난 후 학생들은 어떻게 되었을까? 훌륭한 선생님 밑에서 3년 넘게 수업을 들었으면 이제 졸업할 때도 되었고 학생들은 이미 혼자서 이 마을 저 마을 다니면서 병든 사람을 고치는 교생실습까지 마친 상태이므로(신약성경 마태복은 10장) 선생님의 가르침대로 열심히 공부하고 실천하며 잘 살았을까? 성경에 나오는 바로는 그렇지 않았다. 3년 넘게 그토록 피를 토할 정도로 열정적인 수업으로 살아가는 방법을 가르쳤지만 선생님이 자리를 뜨자 학생들은 곧바로 정신이 나태해지기 시작하였다. 왜냐하면 선생님이 계실 때와 안 계실 때의 상황은 천양지차였기 때문이다. 선생님이 계실 땐 수천 명의 군중들이 구름처럼 따랐고 그 기세는 정말 대단했는데, 그리고 그런 분위기가 계속될 줄만 알았는데, 이제는 정말이지 너무나 썰렁한 것이다. 하나님의 아들이란 분도 떠났고 (눈에 보는 앞에서 하늘로 올라가는 것까지 보여 주었는데도) 이젠 자신들이 뭘 하고 살아야 하나 앞일이 막막했던 것이다. 한 마디로 자신의 먹거리 즉 생활을 위한 걱정부터 머릿속에 떠올랐다. 그토록 선생님은 "걱정하지 마라, 두려워 마라(Dont' worry, Don't be afraid)"라고 강조했는데도 그들은 세상을 헤쳐나아가기가 두렵기만 하였다. 한 마디로 3년 공부 도로아미타불이었다.

성경에 나오는 "두려워 마라"의 횟수

『하나님의 지하운동(In God's underground)』 저자인 루마니아의 범브란트(Richard Wurmbrand) 목사는 루마니아가 공산화 된 후 체포되어 재판도 없이 14년간 땅속 30피트 아래의 컴컴한 감옥에 갇혀 온갖 고문과 학대를 받았다. 목사님은 믿음과 희망을 잃지 않고 끝까지 견디어 내었지만 결국 사형선고를 받고 말았다. 이에 범브란트 목사는 낙심하여 "하나님, 내가 하나님의 뜻대로 살아보려 애썼는데 이렇게 죽는 것입니까?"하며 가족들을 생각하며 울부짖으며 두려워했다.

그리고는 죽음의 시간이 다가오는 깊은 밤 이승에서의 마지막 시간을 생각하며 기도를 하였는데, 이 때 하나님의 음성이 들렸다고 한다.

"사랑하는 종아, 성경에 '걱정하지 말라 두려워하지 말라 염려하지 말라'하는 말이 몇 번이나 쓰여 있는지 아느냐?"라는.

목사는 곧바로 가지고 있는 성경책을 꺼내어 헤아려 보고 '두려워 말라'는 말이 366번 쓰여 있다는 것을 알았다.

이 때 하나님 왈, "366번이나 기록한 뜻은 1년 365일 하루도 걱정하지 말고 염려하지 말고 두려워하지 말라고 기록해 둔 것이니라"

범브란트 목사는 하나님의 설명을 듣고서는

"하나님, 1년은 365일인데 왜 366번을 기록하셨습니까?"라고 반문하자,

이에 하나님의 날카로운 대답은 이랬다.

"사랑하는 종아. 너는 4년마다 한 번씩 윤년이 돌아오는 것을 알지 못하느냐? 윤년이 오면 2월이 29일이 되어 그 해는 366일이 되지 않느냐?" 어찌 보면 우스개 같은 이야기로 들릴지 모르나 이 일이 실화라고 하니 여러분도 이제부터 걱정 없이 믿음으로 살아보시는 것은 어떨지. 허허

왜 학생들은 변하지 않았나?

3년 반이나 선생님을 따라 다니며 집중 트레이닝을 받았고, 수많은 기적을 눈으로 확인했으며, 두 번이나 넘게 선생님의 부활을 목격하여 확인까지 하였는데, 왜 이들은 선생님 말씀대로 곧장 복음을 전파하러 출발하지 않았을까? 사람들은 이렇게 생각할지 모르겠다. '형편없는 녀석들이군. 나라면 저렇게 안할 텐데. 물론 내가 지금 이렇게 형편없이 살지만, 성경에 나오는 열 두 학생과 같은 그런 상황이었다면, 즉 예수님을 직접 만나고 수많은 기적을 목격했다면 내 인생은 완전 다른 인생일 거다'라고 말이다. 그런데 정말로 그럴까?

나는 선생님이 사라진 후 학생들이 곧 바로 복음을 전파하러 가지 않은 것이 뭐 그리 놀라운 일은 아니라고 생각된다. 본디 사람이 마음먹은 대로 몸이 따라 주기란 생각처럼 그렇게 쉽지가 않다는 것을 수없이 경험해 본 바 이기 때문이다. 한 편으로는 먹고 사는 생업 때문에 한 편으로는 주변 상황 때문에 그 이유도 핑계도 참 다

양하지만 말이다.

　일례로 회사를 다니다 보면 사회적으로 크게 성공하신 유명인사들을 초빙하여 특강을 듣는 경우가 종종 있다. 그리고 이런 특강은 주로 회사의 큰 강당에서 이루어지게 된다. 이것은 전 회사 직원들이 유명하신 강사분의 화려한 경력과 자신의 성공담, 그리고 한계를 극복하고 자신의 능력을 업그레이드 시키는 손쉬운(?) 노하우를 한 두 시간 듣고 감명을 받는 그런 경험이다. 강의를 들을 때면 누구나 '아, 그래 바로 저거야. 나도 내일부터 저렇게 달라져야지. 아, 맞아 저렇게 하면 성공을 하는군. 토익성적 올리는 데는 저 방법이 좋겠군. 왜 저걸 몰랐을까?'라고 하며 유명강사의 강의 한 두 시간 만으로 자신이 완전히 새사람이 된 것처럼 느끼게 된다. 마치 성경 속에서 예수님이 기적을 통해 물을 포도주로 바꾸었던 것처럼 자신도 이제 물이 아니라 포도주라고 생각하며 말이다. 하지만 실상은 어떤가. 거의 모든 경우가 그 다음날이면 어제 일은 까맣게 잊고 평소와 다름없이 또 하루를 컴퓨터 앞에 앉아 과거의 일상을 되풀이하고 있지 않던가. 아니 그 다음 날이 아니라 강사의 특강이 끝나고 사무실로 복귀하자마자 일지도 모르겠다. 이렇듯 먹고사는 일과 달라진 환경은 우리를 늘 시험하게 하고 그러한 시험이란 것은 강물처럼 쉼 없어서 배를 저어 앞으로 나아가는 것을 잠시라도 게을리 하면 저만치 아래로 떠밀려 내려가 버리고 마는 것이다. 그러니 예수 선생님의 충실한 열 두 학생이 먹고사는 것을 걱정하며 다시 생업에 뛰어들 것을 생각한 걸 그리 탓할 일은 아니다.

아래는 예수님이 돌아가시고 부활하여 그 몸을 학생들에게 나타내시고 난 얼마 후의 장면이다. 내 생각엔 아마도 이들은 과거 예수선생님과 함께했던 그 화려했던 시절을 그냥 추억이라 생각하고 이제는 우리가 어찌 살아야 하나 걱정하는 기운 빠진 상태였을 것 같다.

그후에 디베랴 바다에서….
베드로와 도마와 나다니엘과 세베대의 아들들과 다른 제자들이 함께 있더니. <u>베드로가 "나는 물고기 잡으러 가노라"하메 다들 말하길 "우리도 함께 가겠다"</u>하고 나가서 배에 올랐으나 이 밤에 아무 것도 잡지 못하였더니…』(요한복음 21장)

그렇다. 베드로를 포함한 여러 제자들은 원래 직업은 어부였던 것이다. 그러하니 당장 먹고살기 위해서는 자기가 제일 잘하는 본업이 머릿속에 떠오르는 것이 당연한 일인 것이다. 만약 베드로가 댄스강사 출신이었다면 아마도 춤을 가르치고자 주변 마을 사람들을 모으고 있었을 지도 모른다. 이렇듯 먹고사는 데 약한 것이 우리 인간이 아닐까. 아마도 이들을 그대로 두었다면 1년 후에는 모두 자신의 고향으로 돌아가 원래 하던 일을 계속하였을 지도 모른다.

예수님의 마지막이자 최고의 수업

그들은 그렇게 새벽 바다에서 열심히 고기를 잡이를 하였지만 고기를 잡지 못하였다. 그런데 이 때 또 다시 나타나신 예수선생님. 당시 예수선생님이 나타나신 바닷가에서 제자들의 배까지는 거리가 약 90미터 쯤 되었다고 하니 그리 먼 거리는 아니었으나 새벽녘이라 얼굴을 알아보기에는 그리 밝지 않은 상황이었다. 선생님은 제자를 보고 이렇게 말하였다.

"여러분들, 거기 고기가 있습니까?"[12]

선생님은 그들의 이름을 부르거나 '사랑하는 제자들아'와 같은 말을 쓰지 않고 '여러분들'이라고 불렀다. 제자들 앞이지만 마치 지나가던 행인처럼 자연스럽고 부

---

[12] 한글 성경에는 "얘들아, 너희에게 고기가 있느냐?"라고 씌어 있지만 헬라어 원문에는 "여러분들, 거기 고기가 있습니까?"라고 되어 있다. 여기서는 원문을 따랐다.

드러운 말투로 말을 거신 것이다. 이러한 질문에 학생들이 "없습니다."라고 대답하자 다시 선생님의 말씀

"그물을 배 오른편에 던지라 그리하면 얻으리라."

이에 학생들이 시키는 대로 하였더니 물고기가 많이 잡혔다고 한다. 이때 눈치 빠른 요한이 베드로에게 선생님이시라고 귀띔 해주자 베드로는 반가운 마음에 1분 1초라도 선생님을 먼저 만나려고 겉옷을 두른 후 곧 바로 바다로 뛰어들어 헤엄쳐 온다(베드로가 다른 학생들처럼 배를 타고 오지 않고 선생님을 보고 반가워 곧 바로 바다로 뛰어드는 모습을 보면 2002년 월드컵 때 우리나라 국가대표 박지성 선수가 골을 넣고 기뻐 히딩크 감독에게 달려가 안기는 장면이 떠오른다. 그만큼 감독을 아버지처럼 신뢰하는 증거였다. 그러니 감독은 박지성을 적극적으로 키워줄 수밖에 없지 않았을까).

그리고 잠시 후 잡은 고기를 들고 육지로 온 학생들이 맞이한 해변의 분위기는 조금 특별했다. 『육지에 올라와보니 숯불이 있는데 그 위에 생선이 놓였고 떡도 있더라. 예수께서 *"지금 잡은 생선 좀 가져오라"* 하시니 베드로가 올라가서 그물을 육지에 끌어올리니 가득 찬 물고기가 153 마리라. 물고기가 이처럼 많았으나 그물은 찢어지지 않았다. 예수께서 *"아침 먹어라"*라고 하

시니 학생들은 선생님이신 줄 아는 고로 당신이 누구시냐고 감히 묻는 자가 없더라. 예수께서 가서서 떡을 가져다가 저희에게 주시고 생선도 그와 같이 하시니라….』
(요한복음 21장)

위에 나오는 장면이 예수님께서 세 번째로 부활하여 학생들에게 자신을 나타내실 때의 모습이며, 예수님 마지막 수업의 도입부이다. 여기서는 산상설교처럼 길고 긴 설명도 스펙터클한 놀라움도 없다. 그저 학생들을 위해 손수 바닷가에 불을 피우시고 예수님은 그저 "잡은 생선 좀 가져오라", "아침 먹어라"라고 하시며 조용히 앉아 식사를 한다. 그리고 자신이 직접 떡도 가져다가 나눠주고 생선도 나누어 주신다. 한마디로 솔선수범이다. 군대로 치면 부대장이 병사들의 식판에 밥을 퍼주는 장면이라고도 할 수 있다. 이러한 예수님의 모습을 보고 학생들의 마음은 어떠했을까? 선생님이 말했던 복음 전파를 마음에 두고 실천해야 했었는데 당장 입에 풀칠하기 위해 선생님을 만나기 전 예전의 모습으로 돌아가 생업에 힘 쏟으며 물고기 잡기에 여념이 없었던 것이다. 그러므로 "니들 도대체 왜 그 모양이냐? 내가 그렇게 강조하지 않았느냐. 내가 십자가형까지 당하고 피까지 흘리며 몸소 보여주었건만 니들은 이것밖에 안되냐?"라고 호통을 쳐야 정상인 장면에서 예수님은 그저 '침묵'으로서 세상에서 가장 큰 목소리를 내고 계신 것이다.[13] 이러한 침묵의 강의 속에서 학생들은 모닥불을 지켜보며 스스로를 성찰하게 되었고 마음속에는 어느 때보다도 진하게 선생님의 가르침이 새겨지게 되었을 것이다. 아마도 이러한 침묵은 이문영 교수님의 아버님이 그랬듯이 열 두 학생의 마음을 변화시키는 가장 강력한 마법의 주문 같은 것이 아니었을까.

● 안드레아 이야기 1

이러한 예수님의 마지막 수업 후 학생들은 모두가 선생님의 복음을 전파하기 위해 열과 성을 다하였고 두려움 없이 죽음을 맞이하였다. 열 두 제자들이 실제로 얼마나 열심히 복음을 전파하였는지 여기서 그 행적을 일일이 열거할 필요는 없을 것이다. 하지만 예수님의 첫 번째 학생 안드레아에 관한 일화만 여기서 소개하고자 한다. 안드레아는 영어로 Andrew, 약자로는 Andy이다. 내가 외국인을 만났을 때 쓰는 영문 이름이 Andy이며 회사 메일주소도 andy@로 시작되니 나에게는 안드레아

---

[13] 물론 기독교는 '말씀의 종교'라고 할 만큼 말씀을 중요시하기 때문에 예수님을 침묵의 마법사라고 하여 여러 기독교인들이 이 책을 쓴 나를 미워할 지도 모르겠다. 하지만 이 책은 종교서가 아니며 성경을 하나의 있는 그대로의 이야기로 소재를 삼아 집필하였을 뿐임을 밝혀 둔다. 부디 이해가 있길 빈다.

란 이름이 각별하다. 그래서 나는 안드레아에 관한 문헌들을 여럿 살펴볼 기회가 있었으며 (이것도 결부법의 한 사례이다) 아래는 그 중 일반상식으로 알아두면 좋을 내용들이다.

사실 성경에는 안드레아에 관한 이야기가 거의 나오지 않고 베드로의 형제로만 기술되어 있다. 하지만 실제 안드레아는 세계 각지를 다니며 수많은 기적을 보이기도 하면서 열정적으로 복음을 전파하였다고 한다. 안드레아가 러시아까지 가서 설교했기 때문에 그는 러시아의 수호성으로 받들어 지고 있으며 스코틀랜드의 국기가 파란 바탕에 흰색 X자 인 것은 안드레아의 유해관리자였던 레굴루스가 안드레아의 유해 일부를 스코틀랜드에 가져가서 30년 동안 선교를 했기 때문이라고 한다. X자는 안드레아의 상징이기도 한데 그 이유는 안드레아가 X자형 십자가에서 못 박힌 상태로 순교하였기 때문이다. 안드레아는 그리스 파트라이 지방에서 교수형을 선고받고 스스로 X자형 십자가에 못 박힐 것을 원했는데 그 이유는 그리스어로 X가 그리스도를 뜻하기 때문이라고 한다. 베드로도 거꾸로 된 십자가에 못 박혀 순교한 걸 보면 베드로나 안드레아는 감히 선생님과 같은 모양의 십자가에 못 박힐 순 없다는 선생님에 대한 존경과 절대 신뢰가 있었던 것 같다. 안드레아는 X자형 십자가에 매달린 채로 이 틀이나 군중을 상대로 설교를 계속 하였으며 보다 못한 사람들이 그를 십자가에서 내리자 그 때서야 돌아가셨다고 하니 그의 복음 전파에 대한 열정은 누구보다 강했던 것 같다. 누구나 공부를 안드레아와 같은 열정을 갖고 한다면 아마도 하늘(SKY)대학을 가고도 남으리라.

● **안드레아 이야기 2**

우리는 수학공부를 하다보면 연산기호를 자주 접하게 된다. +, −, ×, ÷와 같은 것들 말이다. 그렇다면 이러한 기호 중 교회와 가장 관련이 많은 기호는 무엇일까? 대부분의 사람들이 예수님이 십자가에 못 박혔으니 덧셈기호인 +를 먼저 머리에 떠 올릴지 모른다. 하지만 정답은 바로 곱셈 기호(×)이다.

덧셈기호는 라틴어의 '~와/과'를 뜻하는 'et'에서 그리고 뺄셈기호는 'minus'의 'm'을 흘려 쓰다 생긴 것이므로 교회와는 별달리 연관성이 없다. 하지만 곱셈기호는 다르다. 곱셈기호는 영국의 수학자 윌리엄 오트레드(William Oughtred)가 『수학의 열쇠(1963)』라는 책에서 처음으로 사용하였다. 오트레드는 곱셈 기호의 모양을 안드레아의 X자형 십자가에서 착안하였으므로 그가 수학기호에 나름 종교적인 의미를 담고자 노력하였다는 것을 짐작할 수 있다. 실제로 그는 수학자이기도 하지만 한편으로는 성공회의 신부이기도 하였다는 점을 생각하면 충분히 그 배경을 이해할 수 있을 것이다. 이 책을 읽는 학생들은 수학공부를 하다 X기호를 볼 때 마다 십자가에 매달린 채로 고통을 참고 이 틀 동안이나 군중 앞에서 설교를 계속한 안드레아의 정신을 기억하길 바란다. 수학공부에 힘들고 지칠 때 말이다.

그러고 보니 우리 어머니도 마법사

앞에서 이문영 교수의 아버님과 예수님이 보여주신 침묵의 마법을 이야기를 하다 보니 글을 쓰는 내내 머릿속을 떠나지 않는 사람이 있다. 바로 우리 어머니 김정희 여사이다. 지금은 뇌출혈과 치매로 10년 넘게 병원에서 고생하고 계시지만 내가 학교 다닐 적에는 누구보다 부지런한 성격이셨다. 당시 우리집은 아버지가 직장을 그만두고 아들 넷을 모두 대학공부 시켜야 해서 가정형편이 썩 좋지 않았는데, 어머니는 어떻게 해서든 남에게 돈 빌리러 가는 꼴을 피해보고자 추운 겨울날에도 새

---

14) 당시 삼천포에는 동네마다 쥐포공장이 많았는데 동네사람들의 다수가 쥐포공장에서 일하였다.

벽마다 일어나 칼바람을 맞으며 쥐포공장[14]으로 일하러 나가셨다. 남보다 먼저 가 공장에서 좋은 자리를 잡고 좋은 일감을 배정받기 위해서 말이다. 내가 아는 어머니는 그 누구보다도 삶에 관한 열정이 강한 악바리셨는데, 이런 성격은 어머니가 살아온 삶을 살펴보면 그 이유를 짐작할 수 있다.

어머니는 경남 고성군에서 알아주는 부잣집 외동딸로 태어났다. 하지만 일본으로 유학을 떠난 아버지가 갑자기 폐병으로 돌아가시자 어머니의 인생은 이전과는 180도 다른 험난한 시련의 연속으로 변해 버렸다. 설상가상으로 젊고 똑똑한 아들을 저 세상으로 보낸 외할아버지는 곱게 잔디를 입힌 아들의 묘소 앞에서 슬퍼하시다 얼마 후 아들을 따라 저 세상으로 떠나버리고 말았다. 그러자 당시 초등학생이던 어머니는 졸지에 아버지와 할아버지를 잃은 외로운 신세가 되고 어머니의 어머니도 어떤 사정이었는지 몰라도 집을 떠나고 말았다. 집안의 재산은 어마어마한데 초등학생인 딸만 혼자만 남게 되었고 재산은 삼촌들이 관리하게 되었으니 우리 어머니의 앞날은 어떠했을까? 아버지를 닮아 공부를 잘하셨던 어머니를 삼촌들은 중학교도 보내지 않았고, 이에 어머니는 공부에 한이 맺혀 천자문과 명심보감등 한

자 책들을 닥치는 대로 외우며 분을 달랬다고 한다. 사정이 이러하니 어머니는 자연히 못다한 공부에 대한 한을 가지게 되었고 한을 풀 곳이 마땅치 않게 되자 그 한이 네 명의 아들을 키우는 지극 정성으로 이어지게 되었다. 물론 우리나라 대부분의 부모 심정이 이와 다르지 않겠지만 우리 어머니에게 있어 네 아들은 삶의 전부였다고 볼 수 있다.

침묵의 마법과 자신의 변화

이렇듯 어머니가 품은 한과 자식 공부에 대한 열정은 의심할 여지가 없어 보이지만 돌이켜 보면 나를 가르치셨던 어머니의 모습은 지금 생각해 보아도 이해 못할 부분이 상당히 많다.

내가 초등학교 다닐 때 어느 날이었다. 당시 나는 평소보다는 현저하게 저조한 약 70점 가량의 성적을 받았으며, 학교에서 돌아온 후 어머니에게 달려가 그 성적표를 내 밀었다. 그 때 어머니는 다른 말씀은 안하시고 그냥 "잘했다. 수고했다. 우리 지훈이는 잘 하니 내가 걱정 없지"라고 하시며 한 없이 사랑스런 눈빛으로 나를 감싸 안아 주셨다. 그리고 어머니는 부엌으로 일이 있다고 나가셨고 나는 아무렇지도 않게 동네 공터에 놀러 나갔다.

나는 나이가 점점 들면서 깨닫게 되었는데, 우리 집 부엌의 한 쪽 편에는 늘 어머니가 떠 놓으신 정한수가 있었고 어머니는 매일같이 천지신명에게 아들 잘 되라고 기도를 올리셨다. 먼 훗날 내가 대학생이 되고 군대를 제대한 후 어머니는 그 제서야 자신이 그동안 하신 일을 나에게 털어 놓으셨다. 자신은 지금껏 하루도 빠짐없이 새벽마다 정한수 떠 놓고 기도를 올렸는데, 내가 군대까지 다녀왔으니 이제 매일같이 기도하지는 않을 거라고 말이다. 아마도 내가 시험점수를 70점 받은 그 날도 어머니는 부엌에서 말없이 기도를 올리셨을 것을 생각하면 어머니의 진심어린 정성과 사랑에 고개가 절로 숙여진다.

실제로 우리 어머니와 아버지는 태어나서 지금 이 때까지 나에게 한 번도 공부 열심히 하라는 말을 한 적이 없었는데 생각해 보면 이것도 참 미스터리한 이야기다. 그토록 공부에 한이 맺혔으면 자식에게 공부 열심히 하라고 한 번쯤은 말씀을 하실 법도 한데 말이다. 요즘 내가 두 아이를 낳고 키워 보니 하루에도 수 십 번 '이놈아 제발 공부 좀 더 열심히 해라'라고 고함을 치고 싶은 마음이 턱밑까지 차오르고 종종 입으로 그것을 내 뱉기도 한다. 나도 어쩔 수 없는 인간이고 한국의 부모이기 때문이다. 하지만 존경스럽게도 우리 어머니는 한 번도 자식에게 공부하라고 고함친 적이 없으셨으며 다만 조용히 기도만 드릴 뿐이었다. 이것은 어쩌면 어머니 자신만의 방법으로 나에게 다른 누구보다도 더 큰 고함을 지르고 있었던 것일 지도 모른다. 그리고 그 고함은 다른 부모님이 지르는 고함보다 몇 백배 몇 천배 더 큰 울림으로 나에게 전해졌다고 나는 믿고 있다. 그런 의미에서 우리 어머니도 진정한 침묵의 마법사가 아닐까 생각된다. 어머님 진심으로 감사합니다.

이렇듯 침묵의 마법은 어떠한 마법보다 강력한 힘을 가진 교육의 한 수단이며, 진정한 교육의 한 단면이다. 그렇다면 이러한 침묵의 마법이 나 자신을 변화시키는 데는 아무 쓸모가 없을까? 사실 이에 대한 이야기를 논하자면 또 한 권의 책을 쓸 만큼 이야기가 길어질 수 있다. 사람이 큰 뜻을 품거나 가족의 원한을 갚기 위해 마음을 굳게 먹었을 때, 혹은 자신의 정신적 단련을 위해 수행을 하는 구도자의 경우 그 변화된 첫 모습은 대부분 침묵이다. 즉, 자기만의 큰 세상을 머리에 짊어지고 있기 때문에 세상의 여러 가지 소리들은 그냥 잡음으로 들릴 뿐인 것이다.

침묵을 통해 자신의 변화를 일구어낸 사람들의 이야기에 관한 책은 서점에서 여럿 만날 수 있는데, 그 중 그래엄 터너가 지은 『The Power of Silence(침묵 삶을 바꾸다)』를 참조하기 바란다. 그래엄 터너는 이 책에서 왜 종교인들이 묵언수행을 하는지 침묵의 진정한 가치에 대해 설명하고 있다. 그리고 종교지도자, 작곡가, 죄수 등과의 대화를 통해서 침묵이 어떻게 자신을 변화시킬 수 있었는지에 대해 소개하고 있다.

병원에서 얻은 마법

이 장은 쉴 새 없이 열심히
공부만 하는 수험생들에게
효율적인 공부가 과연 무엇인가에 대해
한 번 쯤 생각해 보라는 뜻에서
실제 나의 경험을 그대로 기술한 이야기이다.
부디 전국의 학부모들과
우리나라 교육정책을 담당하는 책임자분들도
한 번 쯤 생각해 볼 일이 아닌가 생각된다.

나는 대학 입시를 치기 전 병원 신세를 지고,
소중한 입시 막바지 공부시간을
통째로 날려버린 경험이 있다.
그 중요한 시기에 소중한 공부시간을

날려 버린 나의 대학입시 성적은
과연 어떠했을까?

수험생이 받는 스트레스

　대학입시를 보름가량 앞둔 어느 날 이었다. 나는 하숙집 방안에서 대입 원서를 어디에 써야하나 생각하고 있었다. 요즘처럼 여러 대학을 동시에 지원할 수 있다면 좋았을 텐데 당시 수험생들은 자기가 원하는 대학 한 곳만 지원할 수 있었고 시험도 그렇게 지원한 대학의 강의실에 직접 가서 보았다. 통상 당시에 하늘(SKY)대학의 경쟁률이 2대 1 혹은 3대 1 가량 되었으니 SKY대학에 원서를 쓸 정도로 똑똑한 학생들도 절반 이상이 고배를 마시고 내년을 기약해야 했다. 물론 후기 대학이라 하여 몇 몇 대학에서는 낙방한 학생들을 대상으로 추가모집을 하기도 하였지만 SKY대학을 지망하던 학생들은 그러한 후기 대학에 합격하더라도 많은 경우 그 대학에 만족하지 못하고 다음 해 대학입시에 재도전 하였다. 그러하니 입학시험을 잘 봐야 한다는 스트레스는 물론 내 수준에 맞는 대학을 선별하는 것도 크나 큰 고민거리였다.

　사정이 이러하니 당시 내 친구들의 대부분이 원서를 쓸 대학을 고르느라 극심한 스트레스를 받고 있었다. 물론 평소 성적이 서울대 법대수준보다 높았다면 자신이 원하는 대학, 원하는 학과를 골라 갈수 있겠지만 대부분 그렇지 못하여 원하는 대학을 택하느냐 아니면 대학 수준은 좀 낮더라도 내 적성에 맞는 학과를 택하느냐의 기로에 서서 고민을 하고 있었다. 특히 같은 동네지만 우리와는 다른 하숙집에서 살고 있던 연우는 학교 선택에서 받는 스트레스 때문인지 밥도 통 먹질 못하고 얼굴 꼴이 아주 말이 아니었다. 다들 대학 선택이라는 인생의 갈림길에 서서 고민하는 모습이 역력하였다.

나 같은 경우는 어느 대학을 쓸까 약간 고민은 되었으나 그냥 객관적 데이터로 드러난 내 실력을 주어진 조건으로 받아들이자고 마음을 먹었기 때문에 다른 친구들 마냥 초조해 하거나 불안한 기분은 거의 없었다. 나는 애시당초 경제학과를 가려고 했는데 전년도 서울대학교 경제학과의 커트라인이 법학과보다 높았기 때문에 아예 지원대상에서 제외시켜 버렸다. 그러므로 나는 연세대학과 고려대학의 경제학과 중 어느 곳을 갈까만 선택하면 그만이라고 마음먹었기 때문에 별다른 깊은 고민은 하지 않았다. 하지만 친구들이 그렇게 신경이 예민하니 주말에도 친구 녀석들 만나는 것도 좀 꺼려지고 해서 조용히 방구석에 앉아 선택할 대학의 입시요강을 훑어보고 있었다.

근데 그때 문 밖에서 발자국 소리가 들리더니 누군가가 내 방문을 조용히 노크하는 것이었다. 같은 하숙집 옆방에 있던 절친 원영이였다.

"지훈아, 선택했냐? 다 했으면 나랑 약수터나 가자."
이 녀석은 언제나 그렇듯이 스스럼이 없다. 그리고 원영이의 경상도 사투리는 정감 있는 어조에 구수하고 따뜻함이 묻어있다. 원영이는 2개월 전에 이미 경찰대학을 최종 합격한 상태이기 때문에 대학생활의 적응력을 높이고자 푹 쉬면서 몸을 만들고 있는 중이었다. 경찰대학은 본디 내가 지망해 볼까 말까 생각 중이었는데 모집 요강을 보고 녀석이 지망하여 합격해 버린 것이다. 원영이는 당초 서울대 종교학과를 생각하더니만 무슨 이유에서인지 갑자기 진로를 바꿔 경찰대학에 원서를 쓴 것이다. 아무튼 당시로선 입시에 대한 걱정을 날려버린 원영이가 참 부러웠다 (당시에는 저렇게 소박하고 인간적인 녀석이 범죄자를 다루는 험난한 경찰생활을 잘 할 수 있을까 걱정하기도 하였는데, 지금은 무궁화 세 개, 당당히 대한민국 경찰청의 경정이 되었다. 허허). 나는 경찰대학 모집요강 상 신체 요건(가슴둘레가 키의 절반을 넘어야 한다는 것)에 충족되는 것 같지 않아 지원을 포기하였는데, 이 녀석은 자기도 신체 요건이 만족되지 않는 것 같다고 생각했으나 신체검사 할 때 가슴에 공기를 잔뜩 불어넣으면 된다고 큰 소리 치더니만 다행히도 신체검사를 통과하였던 것이다. 세상살이에는

다 요령이 필요하다(물론, 신체검사 전일까지 하숙집 뒤편 약수터에서 밤마다 열심히 팔굽혀펴기를 한 노력 덕분이기도 하지만 말이다).

예상치 못한 곳에서 발생한 암초

아무튼 나는 원영이와 함께 집을 나와 근처 야산을 거닐었고 약수터 앞에 있는 공터에서 원영이가 하는 철봉 턱걸이 쇼를 구경고 때로는 따라서 흉내 내어 보기도 하면서 주말 오후 시간을 보냈고 집으로 돌아올 때는 달리기 시합도 하면서 공부하느라 못다 한 운동으로 몸을 풀었다. 그리고는 다시 하숙집 방안에 들어와 한 쪽 구석에 개어놓은 이불에 몸을 비스듬히 누이고 쉬면서 저녁식사 시간을 기다리고 있었다.

그리고 잠시 후, 화장실에 가려고 몸을 막 일으키는 순간 나는 왼쪽 가슴에 송곳으로 찌르는 듯 심한 통증을 느꼈다. '오랜만에 운동을 해서 근육이 뭉친 건가?' 나는 이런 생각을 하면서 근육의 긴장을 완화시키기 위해 살짝 뛰어보기도 하고 이리저리 조심스레 스트레칭도 해 보았다. 하지만 통증은 더욱 심해졌고 급기야 몸을 움직일 수 조자 없었다. 당장 나는 원영이를 불렀고 원영이는 나를 부축하고 하숙집 아래 그리 멀리 떨어지지 않은 내과까지 나를 데려다 주었다.

의사는 간단한 문진을 한 후 엑스레이를 한 번 찍어 보자고 했다. 그리고는 잠시 후, 뽑아져 나온 엑스레이 사진을 의사와 함께 쳐다보는 순간 우리는 의사가 설명하기도 전에 벌써 내 몸에 무언가가 잘못 되어 있다는 걸 직감하였다. 오른쪽 폐와는 다르게 왼쪽 폐 주위에 무엇인가가 선명하게 도드라져 보였다. 걱정보다는 앞으로 어떻게 해야 하나 하는 생각이 머릿속에 맴돌았다. 내가 걱정이 되어서 인지 환자인 나보다 원영이가 먼저 의사에게 불쑥 질문을 하였다.

"저… 약으로 고칠 순 없나요? 이 주 후에 대입시험 치는 데요"

"약으로는 힘들고, 수술 안하고 이대로 두면 한 쪽 폐가 완전히 망가집니다." 의사 선생님의 답변이었다.

그래도 희망은 있겠지 하는 심정으로 나는 이렇게 물었다.

"수술하고 치료하는 데는 얼마나 걸리나요?"

"한 20일 쯤 잡아야 할 겁니다."

아, 20일이라 20일. 대입시험이 보름 밖에 안 남았고 아직 나는 입학 원서도 못 썼는데 20일 동안 병원에 있어야 한다니. 기가 막힐 노릇이었다. 하지만 어쩌겠는가. 무엇보다 건강이 우선이니 수술을 받는 수밖에. 나는 가누기 힘든 몸을 이끌고 버스를 타고 고향으로 향했다. 지금 같았으면 앰뷸런스를 타고 갔을 테지만 당시에는 그런 것까지는 생각도 못하고 평소 하던 대로 고속버스 터미널로 향했던 것이다. 한 가지 다행인 것은 경찰대학을 미리 붙은 원형이가 옆에 있어 고향까지 나를 친절히 바래다주었다는 사실이다. 버스를 타고 가는 내내 나는 바로 앉아 있지 못하고 고통을 호소했는데 이런 나를 원영이는 친형제처럼 다독거려 주었다. 정말이지 원영이가 아니었으면 당시에 어쩔 뻔 했는지 모른다. 나는 마치 원영이가 나를 위해 경찰대학을 미리 합격한 사람같이 보였다. 지금 생각하면 너무나 고마운 내 친구이다. 나를 위해 하루 전체를 봉사하였으니 얼마나 감사한 일인가.

　5시간 반을 버스를 타고 도착한 고향의 버스터미널에는 어머니가 초조한 모습으로 마중을 나와 서 계셨고 우리는 그길로 가까운 병원('제일병원'으로 기억된다)으로 직행하였다. 병원에 도착한 후 나는 간단한 진단을 받고 곧바로 수술실 앞에서 '환자동의서'에 서명을 한 후 수술실로 들어갔다. 잠시 후 들어온 의사는 내 이름과 학교 같은 것을 물었는데, 내가 그 질문에 답하려는 순간 마취약이 내 몸 속으로 퍼진 탓인지 마치 커다란 파도가 나를 덮치는 듯한 느낌을 받으면서 나는 깊고 깊은 수면 속으로 빠져들었다.

얼마나 지났을까? 내가 깨어났을 땐 아버지와 엄마 그리고 형들이 침대 옆에서 내 눈을 쳐다보며 나를 불렀다.

"지훈아, 이제 정신이 드나?"

수술 후 나는 몇 시간 동안이나 잠을 잤던 모양이었으며, 그렇게 수험생의 하루가 또 흘러가 이제 대입 14일 전이 되었다. 그리고 깨어나 보니 내 왼쪽 가슴에는 약 0.5센티미터 정도 지름의 호스가 박혀 있었고 그 호스는 누워있는 내 침대 옆에 놓인 기계장치에 연결되어 있었다. 잠깐 몸을 한 쪽으로 돌려 움직이려 하자 순간 강한 통증이 몰려왔다. 생살을 찢어서 몸에 호스를 박아 놓았으니 당연히 아플 수밖에 없었다. 다음 날이 되자 의사와 간호사들이 한 번씩 상태 체크를 위해 다녀갔고 몇 가지 금기사항과 빠른 회복을 위한 조언을 해주고 갔다. 이후에도 수시로 간호사가 약을 주거나 링거액이 잘 작동하나 상태를 보기 위해 병실에 왔다 갔다 하였으며 어머니는 내 침대 옆에 있는 간이침대에 걸터앉아 나를 돌봐 주셨다.

지금 생각하면 어머니는 아들이 병원에 있어 공부를 할 수 없으니 대입시험을 잘 치를 수 있을까 하는 걱정이 많았을 것 같은데, 당시 우리 가족 중 내 대입시험에 대해 나에게 이야기하는 사람은 아무도 없었던 것 같다. 다들 그 보다는 내 병세를 더 걱정해 주었다. 가슴에 통증이 계속 몰려와 인상을 잔뜩 찌푸린 내 얼굴을 보고 대입시험 이야기를 꺼낸 가족은 아무도 없었던 것이다. 물론 며칠이 지나자 둘째 형이 나보고 이렇게 한 번 말한 적은 있다.

"지훈아, 너 책 볼 수 있게 침대위에 철사 두 줄을 연결해 줄까? 그러면 그 위에 책을 얹어 놓고 누워서도 공부할 수 있을 거야."

어릴 때부터 둘 째 형은 언제나 나를 잘 챙겨 주고 내가 필요한 거라면 뭐든지 달려가 구해주곤 하였는데, 그 때도 마찬가지였다. 뭔가 나를 도와주려고, 해결 방법을 찾아보려고 아이디어를 짜내고 있는 모습 말이다. 하지만 나는 그럴 필요 없다고 했다. 몸 상태가 공부를 할 만한 정도도 아니었고 병원이란 곳이 그럴 만한 분위기도 아니었기 때문이다. 그저 어떻게 하면 몸에 느껴지는 통증을 조금이라도 줄일 수 없나 이것만 생각할 수밖에 없는 상황이었다.

그러한 통증은 저녁을 먹은 후 어두워지고 밤이 되면 더욱 더 심해져 밤새 여러 번 잠을 깨곤 했는데, 이렇게 누워도 저렇게 앉아도 편하지 않았다. 바로 옆 간이침대에 계시던 엄마는 이런 나를 계속 지켜보시며 고통을 함께 해 주셨다. 손도 잡아주시기도 하고 얼굴을 쓰다듬어 주시기도 하시면서 말이다. 이렇듯 밤낮으로 오는 통증 때문에 내 몸은 거의 녹초가 되어갔고 어머니의 주름살도 더 깊어져만 갔다.

대입원서는 어떻게 되었을까? 요즘과 달리 그 때는 핸드폰이 없던 시절이라 병실 안에 있는 전화로 처리할 수밖에 없었는데, 다행히도 내 짝꿍 윤기동이 내 원서를 대신 처리 해주겠다고 하였다. 기동이도 경제학과를 원했고 고려대 경제학과에 원서를 쓰기로 마음먹었기 때문에 내 원서를 대신 제출 해 주는 데에는 별 무리가 없었다.

하지만 기동이가 원서를 대신 내어 주기로 한 것도 기동이에게 직접 전화로 부탁한 것도 아니고 다른 친구를 통해 잠깐의 전화통화로 이야기 한 거라 실제로 원서가 제대로 쓰여 졌는지 접수창구에는 제 때 제출 되었는지는 알 수 없었다. 물론 그런 거에 신경 쓸 만한 상황도 아니었지만 말이다.

아무튼 이렇게 대입원서는 제출 되었지만 나는 전국의 다른 어느 대입수험생과는 달리 병원이라는 독특한 곳에서 하루하루를 힘겹게 어머니와 함께 지내고 있었다. 그리고 당시 병원에 있는 동안은 나는 공부와 시험에 대한 생각은 아마 1분 1초도 해본 적이 없었으며, 책을 볼 기회도 전혀 없었다. 내가 봐야할 책들은 주인 없는 하숙집 방안에서 자기들끼리만 조용히 누워 있었으니 말이다.

병원에서의 이런 생활이 하루가 되고 이틀이 되고 어느 듯 열흘이 지나자 내가 학생이라는 생각도 수험생이라는 느낌도 전혀 들지 않았으며 그냥 아픈 거 빨리 없어지고 집에 가고픈 생각 뿐이었다. 오로지 내 왼 쪽 폐가 무사히 정상으로 돌아오고 상처가 잘 아물어 내 몸에 붙은 보조 장치나 때어내고 자유롭게 걸을 수만 있다면 좋겠다는 마음이었다. 왜냐하면 그 놈의 보조 장치 때문에 화장실도 제대로 못가고 오줌도 엄마가 받아주어야 했는데 여간 불편한 게 아니었기 때문이다.

대입 4일 전 다시 돌아온 교실

그렇게 병원에서 열흘 넘게 남다른 입시준비(?)를 마친 나는 병원의 배려로 예상보다 조금 이른 시기에 퇴원을 할 수 있었다. 아직은 수술부위의 상처가 제대로 아물지 않아 연한 분홍색을 띠고 있었고 몸 상태도 정상으로 돌아오지 않았기 때문에 의사선생님께 조심스럽게 걷고 절대 뛰지 말라는 주의를 받았지만 말이다.

내가 다시 교실로 복귀하여 처음으로 책을 펼친 시점은 시험을 나흘 앞둔 때였다. 오랜 만에 돌아 온 교실에서 받은 나의 첫 느낌은 어떠했을까?

친구들은 그동안 내가 보지 못했던 특이한 색깔의 문제집을 풀고 있었는데, 이 문제집들은, 기존의 참고서나 문제집이 가로방향으로 넘기는 것이었다면, '대입 총정리' 라는 문구가 선명하게 적힌 것으로 세로방향, 즉 아래에서 위로 올려가며 펼치는 것 이었다 (아마도 문제집을 실제 대입시험지의 크기와 유사한 모양으로 만들어 시험 적응도를 높이기 위한 것 같아 보였다). 이렇듯 다른 학생들은 그간 공부했던 것을 정리하며 입시에 대비하기 위해 저마다 분주해 하고 있었고, 하나의 문제라도 더 풀어보기 위해 옆에 시선도 주지 않으려고 하는 모습이었다. 그리고 쉬는 시간에 만난 친구들이나 선생님들은 하나같이 나에게 격려의 말을 해주었는데 그들의 표정 속에는 시험 준비를 못한 나를 안쓰럽게 보는 마음이 있음을 읽을 수가 있었다.

그날 나는 선생님의 말씀도, 친구들의 이야기도, 칠판을 비롯한 교실 풍경도 모두 저 멀리 남의 나라 혹은 동화속 이야기처럼 아득하게 만 여겨졌고 수험생으로서의 초조함이나 걱정은 전혀 느낄 수가 없었다. 마치 심한 독감을 앓다가 나은 다음 집 밖에 처음 나왔을 때와 같은 그런 기분이었다. 아무튼 그렇게 그날 수업은 끝났고 나는 오랜만에 하숙집으로 발길을 향했다.

하숙집 방에 돌아온 나는 책상에 앉아 과목별로 놓인 참고서들을 쳐다 보았다. 국어, 국어2, 수학, 영어, 프랑스어, 지구과학, 국사, 윤리 등 약 열권의 참고서들과 그 옆에 놓인 성문영어 한권. 내가 지난 1년 동안 가장 열심히 보았던 책들이었다. 나는 일단 예비소집일을 제외하면 이틀 밖에 남지 않은 시간동안 이 책들이라도 제대로 훑어봐서 아프기 전의 수준과 근접하게 최대한 컨디션을 끌어올리기로 마음을 먹고 맨 왼쪽에 있는 책부터 하나하나 읽어가기 시작하였다.

믿을 수 없는 현상

공부를 할 때(아니, 공부를 한다고 하기 보다는 책을 읽는다는 표현이 더 적절할 것 같다) 나는 시험 때까지 주어진 시간이 이틀 밖에 남지 않아서 남들처럼 완벽하게 준비한다는 것이 불가능 하다는 것을 먼저 인정하면서 그냥 지금부터 쉬지 않고 시험 치는 순간까지 계속 천천히 서두르지 않고 나아가자는 전략을 세웠다.

괜히 조급하거나 무리했다가는 몸에 무리가 올 수도 있을 것 같았고, 또 나는 시험 직전 열흘 가량을 병원에서 쉬었기 때문에 시험을 아주 잘 볼 것이라는 기대는 애초부터 하지도 않았다. 생각은 평소보다 천천히 그리고 편안한 자세로 공부하되 쉬지 않고 소처럼 천천히 걸어 나아가자 뭐 이런 심정이었다. 즉, 생각도 무리 없이 천천히, 행동도 조심조심 천천히. 그리고 공부순서는 영어, 수학, 국어, 프랑스어는 시간이 모자랄 것 같아 일단 뒤로 미루고 암기과목부터 하기로 하였다. 제일 먼저 국사책부터 천천히 읽어 나갔고, 그 다음은 윤리 등의 순서로.

그렇게 오후까지 책을 읽었는데, 집중이 잘 되어서인지 대부분의 암기과목을 책 처음부터 끝까지 다 보게 되었고, 밤에는 성문영어 라는 문법 및 독해에 관한 얇지 않은 책까지 거의 반을 읽었다. 그 다음날은 수학 참고서도 읽었는데, 일일이 풀어보지는 못했지만 핵심문제를 중심으로 문제와 답안지를 처음부터 끝까지 체크해 볼 수 있었다. 그리고 마지막 날은 성문영어를 한 단어도 빼지 않고 끝까지 다 읽어 봄으로써 약 2박 3일간의 시험 준비를 마무리 지었다. 평생 이렇게 짧은 시간에 그렇게 많은 책을 읽은 것은 어릴 적 이현세의 야구 만화 '까치' 시리즈를 밤새 십여 권 몽땅 읽은 것을 빼곤 처음이었다. 처음 목표는 암기과목 중 제일 미진한 부분 중심으로 일부분만 보는 것이었는데 어느새 전 과목을 다 훑어보게 된 것이다. 왜 이리 집중이 잘되고 딴 생각이 나지 않는 걸까? 나는 마치 마법에라도 걸린 것 같은 기분이 들 정도로 공부 효율이 좋았고 시험 전날 홀가분한 마음으로 잠자리에 들었다.

다음 날 시험장인 대학 강의실 앞. 어머니와 둘째 형은 걱정스런 눈빛으로 시험 잘 치고 오라고 격려를 해주었고 나는 아무렇지도 않게 담담하게 시험장으로 들어갔다. 시험장에서는 어땠을까? 나는 그저 지난 2~3일간 공부했던 그 기분 그 마음으로 두려움도 초조함도 없이 그냥 시험에 집중하였고, 오후 시험이 다 끝났을 때 '아, 합격이구나' 하는 느낌을 가지게 되었다. 왜냐하면 시험 치는 중 엊그제 읽은 책의 구석구석 심지어 책의 한 쪽 구석의 깨알 같은 주석까지 생생히 기억나서 내내 편안한 기분이 들었기 때문이다 (당시에는 요즘 수능보다 학생의 암기력을 테스트하는 문제들이 참 많았던 것 같다). 그리고 영어시험을 칠 때에도 수학시험을 칠 때에도 문제들이 참고서 어느 어느 부분을 편집해서 낸 문제라는 것을 쉽게 파악할 정도로 컨디션이 좋았다. 그리고 저녁에 집에 와서 답안을 채점해 보니 내 성적은 우리나라 어느 대학을 치더라도 합격하였을 만큼 결과가 좋았다는 것을 확인할 수 있었다.

합격자 발표는 몇 주 후 대학운동장에 인쇄된 큰 벽보를 통해 확인하였는데, 이 때도 친구 원영이 같이 따라가서 기쁨을 함께해 주었다. 생각할수록 고마운 친구.

그런데, 집에 와서 알게 된 일인데, 우리 하숙집 친구 큰곰 김지훈도 불합격하였고, 남해 쿨가이 옥수, 똘똘이 연우 등 주위 친구의 대부분이 불합격인 것이다. 다들 하향 안정지원 했으며 마지막까지 열심히 공부했는데 말이다. 합격하면 같이 여기 저기 놀러가기로 했는데 정말 아쉬웠다. 상황이 이러하고 친구들끼리 모일만한 분위기가 아니다 싶어 나는 며칠 후 하숙집 짐을 모두 챙겨 시골 삼천포로 내려가 버렸다.

마법 같은 현상의 체험에 대한 궁금증

삼천포에 내려간 나는 대학도 합격했고 시간도 남고해서 평소 내가 좋아하는 낚시를 즐기기로 했다. 어릴 적부터 나는 학교 갔다 오자마자 가방을 마루에 휙 던져두고 낚시터로 달려가곤 했을 정도로 낚시를 좋아했다. 어릴 때는 주로 와룡산 속에 있는 커다란 저수지에서 민물낚시를 했지만 대학 합격 후에는 한적한 바닷가로 가서 줄낚시를 하였다.

그런데, 낚시를 하는 내내 내가 어떻게 그렇게 단시일 내에 그 많은 책들을 볼 수 있게 되었는지, 공부하는 중 책 속의 글자들이 스펀지처럼 머릿속에 쏙쏙 들어올 수 있는 집중력은 어떻게 생겼는지, 이게 바로 운이고 컨디션인지, 내가 어떻게 그렇게 시험을 잘 보게 되었는지 정말로 미스터리한 일이라 생각되었고 벌어진 현상이 너무도 궁금했다. 우리 가족들을 포함한 주변 친구들은 아마도 이러한 나의 내부적 상황을 이해하기는 어려웠을 것이다. 그들은 '저 녀석, 병원에 있으면서도 공부를 계속 했던 것 같아. 평소에 공부 열심히 했겠지. 그리고 그날 컨디션도 좋고 시험도 잘 쳤나보지 뭐.' 이 정도로만 추측할 뿐 남의 머릿속에서 벌어진 현상을 밝혀내기는 불가능한 것이니 말이다.

나는 매일 같이 바닷가에 앉아 그 이유에 대해 생각하고 생각했다. 시험 전 보름이상을 책 근처에도 가지 못하고 아니 공부에 대한 생각조차 하지 못하고 소중한 시간을 날려버린 나, 그리고 나와는 반대로 막바지까지 열심히 공부한 내 친구들, 그런데 시험결과는 내가 더 좋았다. 이것을 어떻게 과학적으로 설명할 수 있는가? 시험 전에 한 열흘 어디 한적한 곳으로 여행을 떠나갔다가 오는 것이 더 좋은 결과를 보인다면 막바지 공부를 열심히 하는 대신 차라리 쉬는 게 현명한 선택이란 말인가? 어느 누구도 공부를 안 한 학생이 공부를 하지 않은 학생보다 시험을 잘 본다고는 인정하지 않을 것이다. 그렇다면 내가 그들보다 공부를 제대로 잘 했다는 것인데,

나는 공부라고는 2박 3일 한 것이 고작이다. 어떻게 나는 그 짧은 시간에 높은 집중력으로 머릿속으로 더 많은 정보들을 담을 수 있었을까? 물론 이런 현상의 원인을 과학적이고 객관적으로 밝혀내려 한다면 대입수험생 수십 명 이상을 대상으로 샘플 테스트를 해보면 가능할 것이다. 실력이 비슷한 학생들을 A그룹과 B그룹으로 나누고 한 그룹은 시험 직전까지 공부하게 놔두고 한 그룹은 산 속 절간 같은 곳에서 딴 생각 못하게 붙들어 두다가 시험 사흘 전부터만 공부할 수 있게 한 후 두 그룹의 시험 결과를 비교해 보는 것이다. 하지만 문제는 누가 이러한 실험에 참여하겠냐는 것이다. 일생일대의 대입 시험을 앞두고 산속에 감옥처럼 살겠다는 사람은 누구도 없을 것이기 때문이다. 물론 나처럼 시험을 앞두고 장기간 병원에 입원한 사람들의 사례를 찾아 사례별로 결과를 분석해 볼 수도 있을 것이다. 하지만 시험 사흘 전에 퇴원하여 열심히 공부한, 즉 나와 유사한 조건을 가진 경우가 과연 세상에 몇이나 될까 생각하면 이러한 연구도 거의 불가능할 것으로 보인다.

병원에서 얻은 것은 비움(空)의 마법

내가 바닷가에서 궁리 끝에 내린 결론은 다음과 같다.

공부의 효율을 높이기 위해서, 즉 짧은 시간에 많은 독서량을 남들보다 더 집중력 있게 공부하기 위해서는 머릿속 잡념을 비우고 눈앞의 책에만 생각을 쏟는 것이 제일 중요하다는 어찌 보면 가장 단순한 사실이다. '잡념을 버리고 공부에 몰두 한다' 이렇게 말하면 '야, 누가 그것을 몰라서 그러냐? 집중이 안 되는 걸, 잡념이 생기는 걸 어떡해?'라고 반문할 것이다. 하지만 집중을 한다는 것이 중요하다는 것은 공부는 물론이고 스포츠를 포함한 세상 모든 일에서 빼 놓을 수 없는 진리이다. 그러므로 이러한 집중력을 높이기 위한 일에 무엇보다도 많은 공을 들일 필요가 있다.

나는 시험을 보름가까이 앞두고 어쩔 수 없이 병원에 입원하였고, 열흘가량 밤낮으로 통증에 시달리면서 오로지 왼쪽 폐와 내 몸의 상태가 호전되는 데에만 신경을 쓸 수밖에 없었다. 그러는 동안 내 머리는 완전히 백지 장처럼, 어린 아이의 머리처럼 잡생각이 사라진 상태가 되었다. 다시 말해 나는 병을 앓으면서 머릿속에 여러 가지 잡생각들을 지움으로써 공부에서 제일 중요한, 공부의 기본인 집중력을 최대한 끌어 올릴 수 있는 상태에 있게 된 것이다. 한 마디로 '비움의 마법을' 얻게 된 것이다. 본의 아니게 말이다. 머릿속이 어린 아이처럼 맑게 비어 있으니 책 속의 글들이 어느 때보다 뇌리에 콱콱 박히게 되고 또한, 무리하게 모든 것을 다 하려는 욕심을 버리고 천천히 생각하게 되니 오히려 더 오랫동안 책에 몰두하면서 집중하게 된 것이다.

그렇다면 이러한 '비움의 마법'을 위해서 우리는 무엇을 해야 하나? 아파서 병원에 입원해야만 이러한 마법이 생기는 것인가? 내가 병원에서 입원한 것과 동일한 효과를 낼 수 있는 방법은 없는 것일까? 병원에서 입원했을 때 매일 매일 내 머릿속에 일어난 변화는 어떤 것이었을까? 내가 한 것이라고는 똑 같은 병실에서 새롭게 무엇을 경험할 기회도 없이 누워만 있었는데 이런 단조로운 시간들이 머릿속을 정갈하게 정화시켜 준 것이다. 즉, 머리가 '비움'의 상태 '공(空)'의 상태로 내려갔다고도 볼 수 있다. 즉, 공부(學)를 놓음(放)으로써 공부할 새로움 힘을 얻은 것이다. 즉 내 머리가 진정한 '방학(放學)'을 경험하게 된 것이다. 이러한 '놓음'은 단순히 '논다'라는 개념이 아니라 새로운 공부를 위한 절제와 검소함 속의 휴식이다. 우리가 흔히 휴식이라 하면 TV를 본다거나 친구와 영화를 보는 것을 말하지만 '비움의 마법'을 위한 휴식, 수험생의 휴식은 좀 다른 모습이어야 함을 말한다. 이러한 절제와 검소함 속의 휴식은 집 앞에 있는 조용한 산책길이나 정원이 있는 집이라면 정원에서의 명상같은 것이 좋을 듯하다. 마치 임마누엘 칸트가 매일 같은 시간에 걸었던 산책길을 생각하면서 말이다. 하지만 눈앞에 보이는 시각적 자극에 민감한 마법초보자들이나 집 주변에서 그런 적당한 곳을 찾기 어려운 사람들은 조용한 방안에서 눈을 감고 하루 종일 기도나 명상을 해도 좋을 듯하다. 한 달에 한 번 쯤 말이다. 하지만 잠깐 동안의 비움보다는 하루 내내 하는 비움이 더 효과적일 것이며 이러한 비움의 시간은 사실 공부하는 것보다 더 힘들고 지루할 수 있다. 하다보면 '내가 왜 이 이상한 짓을 해야 되지? 그만 둘래'라는 생각이 금방 찾아오기 십상(十常)이니 말이다.

비움의 마법, 그 이후의 자세

만약 그렇게 잡념이 사라진 비움의 마법이 걸린 상태에서, 공부를 한다면 어떤 자세로 하는 것이 좋을까. 나는 대입 며칠 전 공부에서 사실 많은 것을 포기한 상태에서 무리하지 않고 천천히 생각하며 뚜벅 뚜벅 걷는 것처럼 책을 읽었다고 했으며, 실제 그 결과는 놀랍게도 태어나서 경험하지 못할 만큼의 스피드로 책을 독파하는 것으로 나타났다. 왜 그럴까? 천천히 가자고 마음먹었는데 보통 때보다 빨리 책을 읽게 된 것일까? 나는 이에 대한 해답을 세월이 한참 지난 후에서야 찾게 되었다. 대학원 시절 수업시간에서 말이다.

　서울대학교 행정대학원에서 내가 석사과정을 이수하고 있을 때, 황농문 교수님이 해 주시는 '몰입' 강의를 들은 적이 있다. 교수님은 우리나라에서 유명한 몰입 전문가로서 학계에서 오랫동안 풀지 못한 어려운 난제를 몰입이라는 방법으로 해결하신 유명한 분이다. 교수님은 몰입을 통해 1시간을 10시간처럼 활용하는 방법을 제시하고 계신데, 교수님이 공부할 때 취하는 자세가 바로 내가 대입 전에 공부할 때와의 자세와 너무 비슷하다는 것을 발견하였다. 교수님은 '힘을 빼고, 생각을 천천히'하라는 것을 강조하셨는데, 그러한 자세는 내가 퇴원하고 나와서 공부할 때 '무리하지 않고 공부하며, 천천히 생각하자'라고 세운 나의 공부전략과 일치하는 것이다. 나는 여기서 이에 대한 이야기는 더 이상 하지 않으려고 한다. 왜냐하면 그 방법은 황농문 교수님의『몰입』이라는 책에 너무나도 잘 설명되어 있기 때문이다. 공부하는 학생들은 꼭 한 번 시도해 보기 바란다.

비움의 중요성과 우리 아이의 이름

내가 공부에 있어 이러한 비움을 얼마나 중요시 하는지는 우리 아이의 이름에도 잘 나타나 있다. 우리 큰 아이와 둘째 아이의 이름 중간에는 흙 토(土) 자와 어조사 이(以) 자가 들어 있다. 두 단어 모두 '밝고', '착하고', '거룩하고' 하는 일반적인 부모님들이 자식에게 바라는 희망사항과는 거리가 좀 멀다. 흙은 귀한 아이에게 묻으면 털어내고픈 좀 꺼리는 것이고 어조사 이는 별 의미가 없는 공허한 뜻이다.

나도 물론 다른 부모들처럼 내 자식이 '밝고', '착하고', '거룩한' 인물이 되기를 누구보다 바란다. 하지만, 세상일이 그렇게 계속 추구하거나 전진(前進)만 해서는 되는 것이 아니라는 것을 잘 알기에 진정으로 목적 달성을 위한다면 때론 아무 의미 없는 일과 무의미하게 여겨지는 시간의 중요성을 인식하고 살아가는 지혜가 필요하다고 본다.

그렇게 본다면 나는 나의 아이 이름에 '비움의 마법'을 위한 주문을 걸어 놓았다고 볼 수 있다. 언젠가 내 아이가 커서 그 의미를 깨닫게 되기를 바라면서 말이다. 해리포터 이마 위의 번개 모양 흉터 같은.

● 나의 스트레스 해소법

나는 이 장(章)의 앞부분에서 대입 원서를 쓰는 과정에서 남들과는 달리 스트레스를 크게 받지 않았다고 했다. 이 부분을 좀 더 자세히 설명하기 위해 나의 특별한 스트레스 해소법을 소개하고자 한다. 공부하는 사람들은 예민하여 늘 스트레스가 많이 쌓인다고 한다. 스트레스를 해소하는 방법도 공부를 위한 긴요한 마법이 될 수 있기 때문에 여기서 소개하고자 한다.

이야기는 나의 중학교 시절로 거슬러 올라간다. 당시 우리 집에는 나를 빼고 세 형이 모두 대학교를 다니고 있었는데, 늘 빠듯한 살림에 생활비를 마련하기가 여간 어려운 것이 아니었다. 세 형 모두 국립대학을 다녀서 등록금이 그 나마 저렴하였음에도 불구하고 대학생들의 기본적인 생활비 즉, 책 값, 교통비, 식비, 커피 값 같은 것만 하더라도 곱하기(×) 3이 되니 부모님이 감당하기가 버거운 수준이었다. 그래서 늘 부모님은 생활비를 좀 아끼라고 형들에게 압박을 가하였고 형들은 나름 장학금도 받고 열심히 아르바이트도 하는데 그렇게 말하는 부모님이 야속하게 느껴지는 경우가 많았다.

그러던 중 담배를 피우는 문제 때문에 아버지와 형이 다툰 적이 있었다. 당시 형은 술을 먹고 집에 들어온 상태라 평소보다 조금 더 공격적으로 아버지에게 언성을 높였고 나는 이렇게 아버지와 형이 싸우는 모습에 많이 당황하고 놀랐다. 사실 지금 생각해 보면 아버지와 장성한 아들 사이에 흔히 벌어질 수 있는 사소한 언쟁정도 수준이었는데, 당시 나는 너무 어렸고 또한 사춘기를 겪던 예민한 시기라 마음이 꽤 좋지 않았다. 사실 그 사건 때문만 인지는 정확히 알 수 없으나 나는 그날 가슴에 돌덩이 같은 게 생겨 몸을 꼼짝 할 수 없었고 숨쉬기

조차 어려웠다. 이는 스트레스를 받은 전형적인 상태인데, 당시에는 너무나 견디기 힘들어 자전거를 타고 다니던 제일중학교 운동장으로 향했다. 나는 운동장을 몇 바퀴 돌다가 그래도 답답한 가슴이 뚫리지 않자 자전거를 세워두고 운동장에 쪼그려 앉아 버렸다. 그리고는 나뭇가지로 뭔가를 쓰기 시작했다. 내 이름과 내 나이, 내가 언제 어디서 태어났는 지와 내 가족 상황, 내 성격, 내 마음 상태, 소소한 내 주변 환경들, 그리고 내가 지금 받는 심적 고통의 원인, 내가 할 수 있는 것, 할 수 없는 것 등. 수 백 가지 항목으로 나의 내면과 주변 환경에 관한 일들을 운동장에 편지 쓰듯, 세세하게 기록해 보았다. 한 참을 쓰고 또 쓰니 그 넓은 운동장의 거의 절반이 내가 쓴 글들로 다 차 버렸다. 날은 점점 어둑어둑해 지고 저 멀리 있는 맨 처음에 내가 쓴 글들은 희미해져 잘 보이지 않았지만 내 머리 속에는 내가 쓴 글들이 수많은 나뭇가지를 친 큰 나무 같은 모습으로 제대로 들어와 앉았으며, 어느 순간 내 가슴 속의 단단한 돌덩이는 씻은 듯이 사라져 버렸다(내가 이 말을 누군가에게 했더니 운동장에 쓴 그 많은 글들은 어떻게 다 지웠냐고 반문하였다. ^^ 맞는 말이다. 지워야 한다. 하지만 나는 다 지우지는 않았고 그저 내 이름만 지우고 돌아 왔다).

그 이후 나는 인생을 살아가면서 힘들고 괴롭고 스트레스 받는 일이 있으면 언제나 흰색 종이를 꺼내어 중학교 시절 내가 그랬던 것처럼 나 자신의 상태를 세세하게 써내려 간다. 그러면 힘들어 하고 있는 내 모습이 글들 속에서 좀 더 객관적으로 다가오게 되고 문제의 해답이 보이지 않을 지라도 많은 경우 그 상황이 내가 그렇게 인상 쓰며 괴로워할 정도의 일은 아니라고 마음이 바뀌게 된다. 이 책을 읽는 학생들도 한 번 쯤 활용해 보시길 바란다.

비싼 값에 집중력을 사는 마법사들

황중연 판사 외

앞 장(章)에서 공부에는

집중력이 중요하다는 이야기를 하였다.
그렇다면 실제로 공부를 잘 한
내 주변의 친구들은 어떠했을까?
이들은 집중력이 좋았을까?
나는 가장 가까운 곳에서
이들이 공부하는 모습을 관전한 장본인으로서
무엇이 그들을 고등고시라는 큰 시험에
우수한 성적으로 합격할 수 있게 하였나에 대해
분석해 보았다.
이글은 옆에서 바라본 내 친구들의
일상과 그들의 경쟁력에 대한
나의 분석 결과이다.

나의 특별한 이력

대학생 시절을 돌아보면 나는 다른 조금 특별한 이력을 가지고 있었다. 당시는 지금보다 고등고시 정원이 작아서 주변에서 합격생을 만나기가 그리 흔하지 않던 시절이었는데, 희한 하게도 나와 같이 하숙방을 쓰던 학생들은 모두 고등고시에 합격을 하였다. 맨 처음 같이 방을 쓴 같은 학과 동기 승보는 이른 나이에 재경 행정고시에 합격하여 26살이라는 어린 나이에 사무관을 달았으며, 승보와 같이 방을 쓸 때 바로 옆방의 진동이 형은 사법고시를 패스하여 지금 수도권에서 판사로 재직 중이다. 그리고 내가 군대 제대이후 같은 방을 쓰게 된 사랑하는 후배 중연이도 젊은 나이에 사법고시에 우수한 성적으로 합격하여 30살에 판사가 되었다. 그리고 마지막으로 나의 이런 특이한 이력을 알고서 나와 같이 방 쓰기를 자원했던 원제라는 녀석도 같이 방 쓰던 그 해에 사법고시 동시패스 (1차 시험과 2차 시험을 한 해에 모두 합격하는 것으로 이런 경우는 상당히 드물었다)를 하여 현재 창원에서 변호사로 재직하고 있다.

상황이 이렇다 보니 누구는 내가 사람 보는 눈이 특별하다고, 예를 들면 관상에 조예가 깊다고 이야기 하는 경우도 있었는데, 그건 모두 허무맹랑한 추측일 뿐 나는 그런 능력을 가지고 있지 않았다. 물론 시간 날 때 소일

삼아 교보문고를 방문했다가 관상책들에 흥미가 끌려 서점 한 쪽 구석에 쪼그리고 앉아 출간된 관상책을 죄다 읽어 본 경험이 있기는 하다. 하지만 사람의 미래를 보는 눈이 그런 책 몇 권을 읽는다고 해서 생긴다면 나라 안이 온통 관상 전문가들로 넘쳐 날 것 아닌가. 더구나 내가 무슨 요즘 드라마에 나오는 이성계를 왕으로 만든 삼봉 정도전도 아닐 진데 옆 사람 출세하는 거 보는 꼴을 찾아다니며 하겠는가. 나 출세하기도 바쁜데 말이다. 모든 것이 우연히 벌어진 일일 뿐이고 그런 우연이 고맙게도 나한테 찾아온 것 뿐 이리라. 물론 내가 중학교 이후 줄 곧 하숙생활을 오래 하다 보니 방을 같이 쓰는 사람을 약간 배려하는 방법과 조금만 양보하고 살면 삶이 더 편해진다는 것을 남들보다 좀 일찍 깨닫기는 하였다. 그러다 보니 같이 방을 쓰는 사람들이 더 편안한 마음으로 공부를 하였는지도 모른다. 하지만 이것이 앞서 말한 높은 합격률을 설명할 수는 없을 것이다. 공부는 자기가 하는 것이니 말이다.

사실 이러한 나의 특별한 이력은 이 책을 쓰게 된 동기이기도 하다. 몇 가지 예를 추가하자면 어릴 적 삼천포의 한 시골 마을에 살았을 때, 옆 집 사는 단짝 친구 용욱이가 훗날 서울대 의대 전임교수까지 올라가고 지금 서울 아산병원 의사 및 교수가 된 것, 그리고 초등학교 적 나와 같이 삼총사 친구였던 상욱이가 역경을 딛고 딜로이트 상무까지 올라간 것, 중학교 적 내가 부반장일 때 우리 반 반장이었던 원섭이가 서울산업대교수가 되고 로봇휴보의 설계자로 이름을 날리게 된 것. 그리고 이외에도 학교 적 가까이 지낸 여러 친구들이 하나같이 사회적 명성을 얻는 인물이 된 것은 내가 이들의 특징과 공통점들을 생각하고 연구하게 하여 이와 같은 글을 쓸 수 있는 밑거름이 된 것은 틀림없다.

이 번 장(章)의 이야기는 현재 판사로 재직 중인 중연이에 대한 이야기로부터 시작된다.

멋진 후배 중연이의 이해 못할 행동

군대를 갓 제대한 이후 나는 학교근처에서 하숙할 빈방을 알아보고 있었는데, 도서관 앞에서 우연히 일학년 때 기숙사에 있을 때 알았던 후배 중연이를 만났다. 내가 하숙집을 구하고 있다고 하니 선뜻 자기와 같이 방을 쓰자고 했는데 지금 생각하면 참 고마울 일이다. 그 때 중연이가 나에게 그런 제안을 하지 않았더라면 나는 지금의 아내를 만나지 못했을 것이니 말이다. 얼마 후 중연이는 자기 누나를 통해 미모의 아시아나항공 승무원을 소개시켜 주었고 그 사람이 바로 지금의 내 아내가 되었으니 말이다. 아무튼 당시 중연이가 왜 선배인 나와 같이 방을 쓰자고 했는지 알 수는 없으나 우리는 1~2년을 같은 하숙집에 머물게 되었다.

내가 중연이와 같이 방을 쓰게 된 것은 여러모로 행운이었다고 생각했었는데, 일단 중연이는 합기도로 다져진 다부진 몸에 부리부리한 눈을 가진 꽃미남으로 성격까지 좋아 여자들 뿐 아니라 친구들도 싫어하는 사람이 없을 것 같은 호남형이다. 기왕이면 다홍치마라고 훤칠하고 깔끔하게 잘 생긴 녀석이 같이 방을 쓰자니 마다할 사람이 어디 있겠는가? 또한, 중연이가 소개해 준 하숙집도 내 마음에 쏙 들었다. 하숙집의 위치가 학교 중앙도서관에서 바로 옆 담장을 사이에 두고 지척에 있어 쪽문만 통과하면 몇 걸음 지나지 않아 도착할 수 있었기 때문이다. 당시 우리는 도서관에 좋은 자리를 잡기 위해 아침 일찍 도서관 책상위에 책을 펴 놓고 와야 했는데 하숙집과 도서관이 가깝다는 것은 그 만큼 수고가 줄어든다는 것을 의미하였다. 또한 나는 그 하숙집의 구조도 마음에 들었는데, 그 집은 총 3층으로 된 양옥으로 대부분의 방들이 2~3층에 몰려있었고 우리가 쓰는 1층은 별채처럼 별도의 현관문을 가진 두 개의 방과 조그만 거실로 이루어져 있었다. 그리고 두 방 중 하나는 사람 없이 텅 비어 있어 마치 자그마한 집 한 채를 우리가 빌려 쓰는 것과 마찬가지였다. 또한 1층에는 깨끗한 화장실과 싱크대까지 갖추고 있어 사실 하숙보다는 신혼살림에 더 적합한 구조였는데 무슨 이유에선지 하숙방으로 쓰이고 있었다. 그래서 우리처럼 조용한 분위기에서 고시공부를 하려는 사람에게 이 보다 더 좋은 하숙집은 없을 것 같아 보였다.

그렇게 방을 같이 쓰게 된 중연이는 평소에는 수업을 듣고 수업이 없는 일명 '공강' 시간에는 도서관에서 공부를 하는 전형적인 법대생의 생활패턴 그대로 였으며, 5월 축제 기간이나 공부하다 몸에 좀이 쑤실 때 중연이와 나는 근처 성신여대 정문 근처에서 미래의 신부감을 선별하는 작업 일명 '헌팅'을 해보려 시도하기도 하고 혜화동 대학로 근처를 배회하다가 분위기 좋은 호프집에서 노가리 하나로 밤늦도록 이야기꽃을 피우기도 하는 등 그 시절 보통 대학생들과 별반 다르지 않게 시간을 보냈다. 다시 말해 늘 옆에 붙어 생활하며 바라 본 중연이의 모습에서 나는 다른 대학생들과 특별히 다르다는 것을 전혀 느끼지 못하였다.

그러던 어느 날, 때는 사법고시를 약 5개월 정도 앞

둔 시점이었다. 중연이는 돌연 자기는 앞으로 약 5개월 간 독서실에 머물게 될 것이라고 했다. 하숙집에서 잠은 자고 아침은 먹지만 점심은 먹지 않을 것이고 저녁 먹으러 못 올 경우도 많을 것이라고 하면서 말이다. 나는 이해할 수가 없었다. 저나 나나 시골출신으로 재정상황이 그리 넉넉지 못한데 하숙비 외에 추가로 비싼 독서실비를 내면서 꼭 그렇게 해야 하는 지 말이다.

학교 중앙도서관도 칸막이가 있는 자리가 많아 남들에게 방해받지 않고 공부할 수 있는 충분한 여건이 되고, 굳이 도서관에 이 사람 저 사람 지나다니는 것이 신경 쓰인다면 독방과 거의 비슷한 분위기의 하숙집도 있는데 왜 독서실비를 낭비(?)하면서 그 짓을 할까? 내가 이렇게 의문을 가지자 중연이는 그냥 그 곳이 공부가 잘 된다고 답했을 뿐 별다른 설명을 해주지 않았고 나도 더 이상 물어보질 않았다. 공부하는 장소 정하는 거야 자기 맘이니까 말이다.

그 이후 두어 달 지났을 무렵이었다. 중연이는 독서실에 공부하면서부터 점심을 건너뛰기도 하고 하루 종일 꼼짝 않고 독서실에 있다 보니 위장에 병이 생긴 것 같았다. 그도 그럴 것이 학교 도서관에서는 앉아있는 자리에서 화장실까지의 거리도 좀 멀고 탁 트인 휴게실도 있고 해서 가끔씩 스트레칭도 할 수 있으며 휴게실에서 친구들이랑 잠시 잡담도 할 수 있어 공부하다 생긴 스트레스도 풀리고 약간의 운동도 할 기회가 있지만 하루 종일 암실 같은 좁은 독서실에서는 그런 것이 어려웠던 것이다. 중연이는 자신이 독서실에서 공부하면 소화가 잘 안되고 몸이 많이 망가지는 편이라고 스스로 인정하기도 하였는데, 나는 중연이가 나름의 사정이 있을 거라 생각하고 왜 그런 짓을 하는 지 더 이상은 묻지 않았다.

하지만 그 해 시험 결과는 낙방. 그것도 그럴 것이 아직 3학년이라 내공이 쌓이려면 좀 더 시간이 필요한 것 같았다. 그런데 낙방한 날 중연이는 무엇이 그리 분하고 원통했는지 술을 인사불성이 될 정도로 먹고 와서 내 옆에 쓰러져 잤고, 속도 안 좋은 녀석이 술을 많이 마셔서 그런지 새벽 내내 토를 하였는데, 나는 후배가 만든 예쁜(?) 빈대떡을 치우다 보니 날이 밝았다. 그 때 만큼은 정말 사람들이 많은 3층 하숙방이 부러웠다. 왜냐하면 도와 줄 후배들이 많이 있는 3층과는 달리 1층은 우리 둘만 달랑 쓰고 있는 지라 새벽에 계단을 올라가 문을 열고서 빈대떡 치우는 걸 도와 달라고 하기에는 좀 미안했기 때문이었다. 공자께서 이르길 "己所不欲(기소불욕)은 勿施於人(물시어인)이라" 자기가 하기 싫은 일은 남에게 시켜서는 안 되니 말이다.

하지만 중연이는 몇 년 후 사법시험에 우수한 성적으로 합격하고 군법무관을 거쳐 이른 나이에 판사로 임용되었다. 물론 그 때도 중연이는 어두컴컴한 독서실에서 쓰린 속을 부여잡고 몇 개월을 두문불출하고 공부하였다.

중연이가 사법시험에 떨어져 밤새 토를 하던 그날 밤. 나는 지독한 냄새 때문이었는지 아니면 거의 인사불성이 된 중연이의 상태가 걱정되어서 인지는 몰라도 그 날은 아침 동이 틀 때까지 하숙집 거실에 앉아 문 열린 건너편 방에 이리저리 너부러져 있는 중연이를 보며 생각에 잠긴 적이 있다. 저 녀석은 왜 저 토록 추가 경비를 쏟아가며, 몸을 망가뜨려 가며 독서실을 고집할까? 그런 대가를 치르더라도 지키고 싶은 그 무엇이 존재한단 말인가? 만약 있다면 그게 무엇일까? 독서실과 학교 도서관이 공부하는데 그토록 현격한 차이가 나는 걸까? 학교 도서관이 공부가 힘들 정도의 약한 집중력이라면 고대 법대는 과연 어떻게 들어왔는가? 이런 저런 생각을 하다가 문득 군대 가기 전에 머물렀던 하숙집 형 진동이형 생각이 났다.

새벽귀신 진동이형

군대 가기 전 나는 우리학과 승보와 제기시장 근처 세느강변에 있는 오래된 하숙집에서 같이 방을 썼다 (안암동 제기시장 앞에 흐르는 조그만 개천을 우리는 세느강이라 불렀다). 부산 브니엘고를 나온 승보는 우리학과 친구들 중에서 제일 공부를 잘 하는 녀석으로 통했는데 이것은 그가 2학년 때 벌써 그 어려운 재경 행정고시 1차를 합격하였기 때문이었다. 이런 승보와 같이 방을 쓰게 된 것도 나에게는 운이라면 운이었는데, 나도 재경행정고시를 준비하고 있었기 때문에 벌써 1차 합격 경험이 있는 친구가 옆에 있다는 것만으로도 든든한 마음이 들었다. 그리고 옆에 있는 친구가 밤낮으로 열심히 공부하니 나도 자극이 되었고 적어도 승보와 공부하는 시간은 비슷하게 맞출 수 있었기 때문에 나에게는 큰 도움이 되었다 (당시 승보는 밥 먹는 시간을 제외하고 거의 모든 시간을 시험공부에 쏟아 붓고 있었다). 낮에 수업을 마치고 집에 와 저녁을 먹으면 도서관으로 다시 가서 줄곧(7시~10시 반까지) 공부를 하였다. 그리고 집에 같이 오면 손발을 씻고선 나와 같이 집 근처 제기시장에 가서 떡볶이나 굴을 약 2천 원치 정도 사먹고 쉬다가 11시경부터 새벽 1시까지 또 다시 공부를 하였다. 공부를 더 하고 싶었으나 1시를 넘기면 내일 아침 먹는 시간인 7

시까지 일어나질 못하기 때문에 늦어도 1시면 잠자리에 들었다. 나는 당시 나름 꽤 열심히 한다고 생각하며 스스로를 대견하게 생각하였는데, 승보와 방을 쓰기 전에는 12시 전에는 꼭 잠을 청했으나 승보와 같이 있으면서 공부시간이 1시간 이상 늘어난 셈이었다.

그런데 당시 승보와 나는 바로 맞은 편 방에 있는 진동이형을 우러러 보았는데, 우리는 형이 잠자리에 드는 것을 한 번도 보지 못하였다. 왜냐하면 형은 새벽 3시 반까지 공부를 하고 잤기 때문이다. 그런 형을 우리는 새벽귀신이라 불렀는데, 형보다 늦게까지 공부해 보려고 시도 했다가 포기한 적이 한 두 번이 아니었다. 형은 새벽 3시 반까지 공부하고 보통 8시 쯤 일어나 혼자 밥을 챙겨 먹었고 우리는 형의 강철 체력에 혀를 내둘렀다. 나는 당시 이렇게 생각했다. 과연 저런 공부방식이 효율적일까? 밤낮을 바꾼 생활은 건강에도 안 좋다고

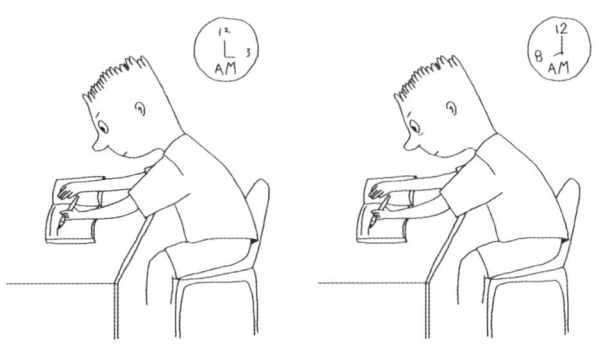

들었는데….

승보와 나는 형의 공부 방식에 대해 여러 번 이야기 하였다. 하지만 형의 공부방식이 명확히 옳다 라고 하는 결론에 까지는 이르지 못하고 그냥 나름 특이한 형이라고만 생각했던 것 같다. 승보는 내가 보기에도 암기력이 좋고 공부를 잘 한 친구였는데, 당시 형의 공부방식에 대한 이야기 중에 승보가 내게 한 말이 새벽녘 중연이의 빈대떡을 치우고 난 후 거실에 앉아 있는 나의 머리에 갑자기 떠올랐다.

"지훈아, 나는 도통 집중이 잘 안 돼서 책을 1~2시간 정도 뚫어져라 본 이후에야 그제 서야 공부가 제대로 된다."

당시 승보가 내게 한 말은 전혀 예상치 못한 뜻밖의 사실이었다. 왜냐하면 승보는 학과에서 공부도 제일 잘 하는 편에 속하고 암기력도 좋은 녀석이라고 생각했기 때문이다. 이건 그야말로 타이거우즈 같은 프로 골퍼가 '나는 통 스윙에 집중이 잘 안 돼!'라고 말하는 것과도 같아서 승보하고는 통 어울리지 않는 것이었다. 승보같은 녀석이 공부할 때 집중이 잘 안된다니 세상에. 승보와 나는 좁디좁은 하숙방에서 나란히 책상 두 개를 놓고 매일 같이 밤낮으로 공부를 같이 했고 풀리지 않는 문제는 서로 물어보기도 하면서 1년 넘게 동고동락을 해왔기 때문에 승보 녀석의 집중력이 약하다는 소리는 통 곧이곧대로 들리지 않았다. 그래서 나는 그 말이 무엇일까 곰곰이 다시 생각해 보기로 하였는데, 새벽 동이 틀 무렵에 나는 그 의미를 비로소 깨닫게 되었다. 승보 스스로가 집중력이 약하다고 한 말은 진짜로 남들보다 집중력이 약해서 그런 것이 아니라 자기가 원하는 수준의 집중력까지 끌어올리기가 힘들다는 것이란 걸 말이다. 이것을 깨닫고 보니 그간 중연이가 한 좀 이해하기 힘든 행동들의 이유는 물론이고 진동이 형이 피곤에 절어 가며 새벽귀신이 된 이유까지 구슬을 바늘에 꿰듯 한 꺼번에 이해되었다.

   중연이와 진동이형 그리고 승보, 다들 나름 공부 꽤나 하는 사람들인데 이들이 그토록 포기할 수 없었던 것은 다름 아닌 바로 집중력을 유지시키는 환경과 그러한 집중력을 자기가 원하는 수준까지 끌어올릴 수 있는 조건들이었다. 하숙비에 덧붙여 비싼 독서실비를 추가로 부담하고, 좁은 독서실에서 소화불량으로 고생하면서도 남들에게 조금이라도 방해 받지 않고 자신이 가장 집중이 잘되는 장소를 찾아 그 곳에서 공부를 한 중연이, 피곤한 새벽공부를 마다 않고 오는 졸음을 쫓아가며 새벽

3시 반까지 혼자만의 길을 걸어 간 진동이형 그리고 책을 지속적으로 봄으로써 자신이 원하는 집중력 수준까지 끌어올려 공부 효율을 올려보고자 원했던 승보. 이들 모두가 다른 것은 포기하더라도 이것만은 절대로 포기할 수 없다고 생각한 것은 바로 최상의 집중력을 유지한 상태에서 가장 오래 공부함으로써 공부의 효율을 극대화 하려는 몸부림이었다.

흔히 학생들은 이런 이야기를 자주한다.

"나는 공부를 하다보면 자꾸 딴 생각이 나서 공부가 통 안돼요."

"나는 책 한 페이지를 읽는 와중에도 수 십 가지 잡생각이 나는 걸 보니 공부할 체질이 아닌가 봐요."

보통 사람들은 집중하기 어려운 현상이 공부 잘하는 사람들에게는 일어나지 않고 공부 못하는 자신에게만 벌어지는 일인 줄 안다. 하지만 그렇게 어려운 시험을 훌륭한 성적으로 통과한 위의 세 사람 또한 책을 보면 딴 생각이 나고 집중이 안 되는 것은 마찬가지였다는 사실이다. 그들이 책을 볼 때 딴생각이 안 나고 집중이 잘 되었다면 왜 그렇게 독서실에서 그 고생을 하고 왜 그렇게 굳이 피곤하게 새벽까지 눈 비벼 가며 공부를 했겠는가?

어린 나이에 재경행시를 패스한 내 친구 승보나 사법시험을 훌륭한 성적으로 합격하여 판사를 하고 있는 중연이와 진동이형 이들은 누가 봐도 공부에 탁월한 능력을 가진 사람이라고 객관적으로 인정할 만한 업적을 거둔 그야말로 '공부마법사'였다. 하지만 이들 모두 자신의 집중력이 부족하다고 생각하고 머리 싸매고 고군분투한 집중력이 부족한 마법사였다. 공부를 썩 잘하지 못하는 평범한 학생들처럼 말이다.

집중력을 높이기 위한 환경에 대한 팁

1. **자신의 경험상 집중이 가장 잘되고 공부효율이 높았던 곳을 아주 깐깐하게 고르라**
   - 사람마다 집중이 잘되는 환경은 저마다 다를 수가 있다. 누구는 조용한 절간이, 누구는 많은 사람들이 앉아 있는 공공 도서관이, 누구는 그냥 자기 집이 집중이 잘 될 수가 있다.
   - 그리고 이러한 장소를 고르기를 미인 고르기 하듯 까다롭게 굴어라. 왜냐하면 약간의 차이가 쌓이고 쌓이면 큰 차이를 낳기 때문이다.

2. **내 공부방의 책상은 단조롭게 꾸미고 시선이 분산되지 않게 하라**
   - 책상의 위치는 창문을 향하지 않게 하라. 창 밖에 시선이나 관심이 가서 집중력이 떨어질 확률이 높다.
   - 책상위에 놓인 물건은 내가 보는 책 이외에는 모두 치워라.
   - 책상 위와 책상 앞의 벽면은 까만색 종이로 도배하라. 이렇게 하고 책상위에 책을 두고 스탠드를 켜면 시선 안에 책만 들어와서 압도적 몰입에 빠져든다.(이렇게 하는데 드는 비용은 까만 종이와 테이프를 포함해서 총 만원 이내이다. 그러나 그 효과는 엄청 크다).

3. **공부시간과 수면시간은 자기 자신의 능력과 스타일에 맞게 자연스럽게 하라. 누구 말 들어 봤자 그 사람과 나의 사정은 다를 수밖에 없다.**

수학을
버려야 생기는
수학마법

사람마다 잘하는 것이 있고 못하는 것이 있다.
이것은 지극히 자연스러운 세상의 한 단면이다.
대체로 수학을 잘하는 사람은 영어에 약하고
영어에 강한 사람은 수학이 좀 부족할 수가 있다.
하지만 우리나라 많은 부모님들은
이러한 자연스러움을 상당히 거북해 하는 것 같으며
마치 아파트 리모델링하는 것처럼 돈을 좀 들여서라도
자신이 바라는 바대로 이것을 바로 잡고자 한다.
영어도 100점 수학도 100점, 기타 과목은 두말 할 필요도 없고.
이런 깔끔한(?) 모습으로 말이다.
왜 수학을 잘하는 사람이 자신이 좋아하는 수학에
좀 더 몰두하게 내 버려두지 않는지,
그놈의 명문대 진입이 뭔지,
아이 때부터 워낙 달달 볶아 대다보니
아마도 요즘 아이들은 기성세대보다 흰 머리가
훨씬 일찍부터 나지 않을까 염려 된다.

이번 이야기는
영어만큼 수학도 좀 잘 해 보고자
노력하는 우리 딸의
작은 성공에 관한 이야기이다.

사교적이고 활발한 아이

결혼 후 4년 만에 가진 딸아이. 아이는 어릴 때부터 유달리 각종 동·식물에 관심이 많아 길을 가다가도 문득 멈춰 서서 발밑의 이름 모를 풀이나 꽃들과 한참을 노닥거리는 바람에 우리 부부는 어딜 가다가도 당초 가려던 목적지를 포기하고 아이 옆에 우두커니 서서 하늘만 바라보고 있던 경우가 한 두 번이 아니었다. 마음 같아서는 한 줌도 안 되는 아이 녀석을 그냥 두 손으로 달랑 들어서 가던 길을 빨리 가고 싶은 생각이 굴뚝같지만 사람들은 누구나 저 마다 중요시 여기는 것과 좋아하는 관심사가 다르기 때문에 이들과 같이 공존하기 위해서는 각자의 취향을 서로 존중해 주는 것이 무엇보다 중요하다. 특히 그 대상이 어린 아이일 경우에는 더더욱 말이다. 물론 우리 아이의 경우에는 그 원칙을 지키기 위해서 좀 더 많은 인내가 필요했다.

아이는 사교성이 좋아 동식물 뿐 아니라 사람들과도 잘 어울리는 편이었는데, 학교 친구들은 물론 동네 놀이터에서 노는 갓 난 아이들까지 쉬이 친구로 만들어 버리며, 삼촌이나 사촌언니는 물론 동네 가게 할머니들에게까지 인사성 밝고 싹싹한 편이다. 이러한 타고난 성격은 동식물과 주변 사람들에 그치지 않고 외국인이나 외국 언어를 접할 때에도 그대로 이어져 어릴 때에 영어 방송이나 영어 테이프를 틀어 주면 아무런 거부감 없이 즐기며 듣고 따라하는 스타일이었다. 타고 난 성격의 힘이란 그런 것이다. 하지만 딸아이의 이런 원만한 성격은 수학이란 친구를 만나면 사뭇 다른 양상을 띠었다. 왠지 불편하고 어려워하고 답답해하는 것이 영어공부를 할 때에는 마치 내리막길을 걷는 기분이라면 수학 문제를 풀 때에는 무거운 짐을 지고 가파른 오르막을 올라가는 것 같은 느낌을 받았다. 이런 모습은 둘째 아이의 경우와는 정반대였는데, 둘째 녀석은 수학이나 과학에 엄청난 관심을 보여서 내가 TV로 내셔널지오그래픽 채널을 보고 있거나 무슨 우주나 기계, 분자나 인체 모양 같은 것만 보면 아주 죽어라 환장하고 달려든다.

이렇듯 첫째 아이는 사람들과 교류하는 것 그리고 언어나 외국어에 나름 장점이 있는 것 같아 어릴 때부터 영어 CD나 테이프도 많이 들려주고 어학원도 보내 주었더니 초등 2~3학년 때는 제법 영어 입이 좀 열리는 듯 하였고, 3학년 때 교내 영어 말하기 대회에서 우수상도 따오고 해서 참 신통하고 고마운 마음이었다. 그래서 주변에서 영어만 잘해도 먹고 사는 데는 별 지장이 없다는 소리를 들을 때면 뭔가 숨겨 둔 재산이라도 있는 것처럼 내심 든든하고 기분이 좋았다.

물론 수학에는 조금 약점이 있긴 하지만 뭐 크면 점점 나아지겠지 하는 생각으로 내버려 두었다. 생긴 대로 크는 게 가장 자연스러운 거라고 생각하면서 말이다. 하지만 엄마는 이런 내가 못 마땅한지 친구 누구는 주말마다 대치동 수학학원을 보냈더니 실력이 몰라보게 좋아졌네, 그 학원이 이래서 좋고 저래서 좋다는 등 나를 연신 압박하고 들어온다. 그리고 끝날 때에는 꼭 이런 말을 덧붙인다.

"요즘 수학학원 안 보내는 애는 우리 집 밖에 없어요. 그리고 당신이 학교 다니던 과거랑 지금이 같다고 생각하면 안돼요"라는 경고성 마무리 멘트.

하지만 나는 이에 아랑곳 하지 않고 "학원비가 만만치 않더라, 그리고 지금 다니는 영어학원 숙제도 꽤 많더라. 애가 힘들어 한다"라고 하며 슬며시 건너 방으로 탈출을 시도한다.

사실 내가 이렇듯 수학이 약한 우리 아이를 굳이 수학학원에 보내지 않는 데에는 나름 이유가 있는데, 그건 바로 내가 학창시절에 유아교육계의 고전으로 불리는 『딥스』라는 책을 읽고 감명을 받아 나도 책속의 부모처럼 저러지 말아야지 하는 결심을 했기 때문이다. 이 책 속에 나오는 딥스의 부모는 아이를 모든 것이 갖추어진 완전체로 키우려다 오히려 아이를 망가뜨리고 만다. 즉, 딥스는 A능력이 뛰어나고 B능력이 부족한데 부모가 B능력에 너무 집중하여 B능력을 키우려고 애쓰다가 결국 자기의 장점인 A능력까지 줄어들고 세상에 마음까지 닫아버리고 말았다. 그래서 이 책의 저자는 이럴 경우에는 그냥 A능력을 충분히 키워주게 되면 B능력은 차츰 따라오게 되기 때문에 너무 B에 집착하지 말라는 메시지를 주고 있다. 그래서 나는 다음에 내가 부모가 되면 적어도 딥스의 부모와 같은 실수는 하지는 말아야지 하는 결심을 하게 되었고, 아이가 꺼려하는 수학은 모른 체하며 자기가 스스로 극복하고 관심을 가질 때까지 기다리기로 작정하였던 것이다.

B능력에 집중하게 만드는 현실

하지만 현실은 이런 나의 교육철학이 실천되게 가만 놔두질 않았다. 아이가 점점 고학년이 될수록 엄마의 걱정은 더해 갔고, 수학 시험성적이 만족스럽지 못하게 나오면 장래에 대한 걱정을 쏟아 냈다.

"요즘은 애들이 영어는 다 잘한대. 영어보다는 수학을 잘해야 좋은 대학을 간다는구먼. 애가 혹시 나를 닮은 건 아닌지 모르겠어. 나도 학교 다닐 때 수학을 썩 잘

하지는 못했거든."

이런 엄마의 걱정 섞인 말을 엿 들은 아이는 더욱 더 자신감이 실추되고 기가 죽었다. 하지만 그 이후로도 좀처럼 아이의 수학성적은 개선되지 않았고 진짜로 명문 수학학원을 보내든지 하는 특단의 조치가 필요하다고 생각하는 것 같았다. 사실 내가 보기엔 아이의 수학성적은 그리 형편없는 수준 정도는 아니었고 적어도 중상위권 이상은 되어 문제가 없이 보였다. 하지만, 우리나라 엄마들은 아이가 학교에서 시험성적표를 들고 오면,

"참 잘했다. 수고했어"라든지 아니면,

"이번에는 좀 실수가 많았던 것 같구나. 공부 좀 열심히 해야 겠다"라는 말보다 먼저 하는 말이 꼭 있다.

"니 친구들은 어땠니? 누가 100점 받았니? 몇 명이나 받았어? 네가 이 정도면 너희 반 아이들 중에서 100점이 여러 명 있었을 것 같은데…"라는 식의 질문으로 자기 아이의 수학성적을 꼭 친구의 성적과 비교해 가며 아이의 수준을 평가하고 싶어 한다. 즉, 친구들이 100점을 받았으니 너도 100점을 안 받으면 안 된다는 식의 사고방식이다. 그렇지만 우리 아이에게 수학 100점이 그리 쉬운 일은 아니었다. 시험 치르기 전날까지 열심히 공부를 하는 것 같았는데도 결과는 늘 그리 신통치 않았

다. 사정이 이러하니 어느 날 아이의 입에서 이런 말까지 튀어 나왔다.

"아빠, 난 수학에 소질이 없나봐. 학원 보내주면 안 돼?"

아, 이 무슨 아빠의 심장을 후벼 파는 안타까운 시추에이션이란 말인가? 눈에 넣어도 안 아픈 예쁜 우리 딸이 의기소침한 표정으로 그런 말을 하는 것을 보니 아빠로서 여간 마음 아픈 것이 아니었다. 자기도 말은 안했지만 그동안 수학 때문에 혼자서 알게 모르게 스트레스 꽤나 받았는가 보다 라고 생각하니 딸이 더욱 더 안쓰러워 보였다. '진짜로 내가 무엇을 잘 못하고 있는 것일까? 내가 너무 옛날 시절만 생각하고 요즘 돌아가는 세상 물정을 너무 모르는 건 아닐까? 딸의 장래를 위해서 빨리 좋은 학원을 물색해 봐야 하는 것 아닐까?'라는 생각들이 머리와 가슴에 찰싹 달라붙어 떠나지를 않았다.

회심의 한 수, '수학포기 전략'

그래서 난 이번에 한 번 딸의 수학시험 준비를 옆에서 도와줘 보기로 결심했다. 그 잘난 학원 알아보는 것은 잠시 다음으로 미루기로 하고 말이다. 이번 수학시험은 다음 주 초에 있었다.

먼저 나는 우리 딸의 수학시험 대비를 위한 공부 전략을 세웠는데 그 전략은 다름 아닌 '수학포기 전략'이었다. 즉, 수학을 위해 오히려 수학을 포기하는 전략인 것이다. 아니, 시험 준비하는 것을 돕는다고 하면서 왠 포기? 라고 생각하실지 모르겠으나 나는 나름 장기적인 비전을 염두 해 두고 이러한 전략을 세웠다.

나는 생각하였다. 우리 딸이 왜 수학을 못하는가? 머리가 나쁜가? 시험 준비를 게을리 해서 그런 것인가? 그렇지 않았다 우리 딸의 머리는 영재는 아니지만 나름 쓸 만하다고 판단하였다. 또한 적어도 내가 보기엔 시험 준비도 성실히 하는 것 같았다. 그렇다면 무엇인가? 머리도 나쁘지 않고 나름 성실히 공부하였는데 왜 결과는 신통치 않은 것일까? 이러한 의문에 대해 내가 찾은 답은 이런 것 이었다. 우리 딸은 영어는 좋아하는데 수학은 영어만큼 그리 좋아하지 않기 때문이라는 것이다. 그렇다면 가장 근본적인 해법은 수학을 좋아하게, 수학을 즐기게 만드는 것이 가장 시급한 일이다. 수학을 좋아한다면 수학에 더 몰입하고 수학적인 사고를 더 자주할 것이며 그러면 자연히 수학성적은 올라갈 수밖에 없을 것이다. 말은 그럴싸하고 지당한 것 같은 데 그럼 어떻게 해야 이렇게 될 수 있을까?

나는 먼저 딸아이에게 이번 시험공부는 아빠와 같이 하기로 하며 이번 만은 아빠의 공부 방식대로 따라줄 것을 미리 약속받았다. 그리고 시험 결과는 너무 신경 쓰지 말 것이며, 절대 시간에 쫓기는 마음을 가지지 말 것도 당부했다. 아이는 그러겠다고 했다. 우리는 거실에 놓인 커다란 탁자위에서 공부를 하였다. 우선 아이가 수학문제를 풀고 나면 나는 색연필로 정답을 체크해 주었다. 그리고 아이에게 문제집 뒤에 있는 정답 해설서를 절대로 보지 못하게 하였다. 그동안 아이가 수학공부를 할 때 틀리거나 모르는 문제는 정답 해설서를 참조해 가며 했는데, 이번 만큼은 절대로 해설서를 보지 않기로 한 것이다.

그런데, 해설서의 정답을 보지 않고 하다 보니 문제가 생겼다. 일단 진도가 잘 나가지 않았다. 그리고 결정적인 것은 아이가 문제를 푸는 도중 난이도가 아주 높은 두 문제에 마주친 것이다. 아이는 난색을 표했다. 도대체 손도 댈 수 없는 복잡하고 난해한 문제였기 때문이다. 어떤 문제인지 한번 보니 나도 답이 잘 안 나오는 힘든 문제였다. 문제를 처음 보는 순간 아이는 이건 풀 수 없는 문제라고 말하였고 또한 그 바로 밑에 있는 문제도 그렇다고 했다. 나는 그 문제를 다시 한 번 자세히 살펴 보니 문제 번호 앞에 색깔로 강조한 글씨로 '경시대회 수준'이라고 씌어 있어 더욱 더 학생의 기(氣)를 꺾게 만드는 문제였다. '세상에 이런 말은 왜 적어 놓는 걸까. 그래서 뭐 어쩌라고? 경시대회 수준의 문제를 끼어 넣어 놓았으니 책 값 비싸더라도 이해하라는 것인가?' 나는 그런 문구를 적어 놓은 우리나라 출판사 관계자를 이해 할 수 없었다. '경시대회 수준'이라는 말은 마치 '너 이 문제 못 풀겠지?'라고 하며 놀리는 것처럼 보였다. 하여튼 학생이 수학문제를 푸는 데 하등 도움이 안 되고 더구나 수학에 약한 학생들은 보자마자 자신감이 떨어져 그 문제에 도전할 힘을 빼 버리는 것 같았다.

그런데 아이가 시험공부를 하다 어려운 문제를 만나 고전(苦戰)하는 상황에 봉착하는 것, 이러한 상황은 사실 내가 미리 세운 전략 속에서 이미 예견된 것이었으며 내가 기다리고 기다리는 바였다. 그래서 어려운 문제로 난감해 하는 아이에게 나는 이렇게 말했다.

"얘야, 문제가 힘든가 보구나. 그러니 좀 더 생각해 보자."며 나는 해당 문제에 빨간색 두꺼운 색연필로 네모난 테두리를 쳐 주었다. 그리고 그 문제를 거실 중앙에 있는 탁자위에 펴 놓고 계속 그 문제를 생각하게 하였다. 생각하다가 지루하거나 힘들면 좀 쉬어도 좋다고 하였는데, 아이는 5분 정도 그 문제를 만지작거리더니 자리를 털고 일어나 버렸다. 문제가 워낙 어렵다보니 엄두가 나지 않는 모양이었다. 그래서 나는 좀 쉬어가며 해라고 했는데, 아이는 그 문제를 건너뛰고 다음 문제로 넘어가면 안 되느냐고 물었다. 그래서 난 이렇게 대답했다.

"시험이 걱정 되서 그러니? 시험은 너무 신경 쓰지 말고 해라. 이번 시험은 그냥 포기하는 걸로 생각해도 된다. 그냥 저 두 문제 풀어 보는 걸로 이번 시험 준비는 끝내도 괜찮다. 걱정 말고 해라. 아빠가 보기엔 그 문제 참 만만치 않는 놈 같더구나. 근데 함 도전 해봐. 재미있겠구먼. 허허"

나의 이 같은 말에 아이는 처음에는 상당히 어리둥절해 하였다. 시험이 코앞인데 두 문제만 풀어 보라고 하니 당연한 반응이었다. 그리고 시험 준비를 못하게 된 아이가 내심 불안해 할 수도 있을 것 같아 시험 결과가 안 좋아도 문제없으니 제발 시험 결과에 연연하지 말라고 재차 강조하였다. 시험 성적이 너무 저조하면 내가 선생님에게 따로 이유를 말씀 드릴 거라고까지 안심시키면서 말이다(이 때 마침 엄마가 하루 종일 집을 비운 상황이라 이러한 일이 가능했던 것 같다. 만약 엄마가 있었으면 아마도 도끼눈을 뜨고 있다가 보다 못해 송곳보다 날카로운 일침을 나에게 날렸으리라).

　나의 이러한 수학시험 포기 전략에 아이는 처음 한 10분 정도는 걱정스러운 눈치더니 시간이 지나자 차츰 안정(?)에 들어가는 것 같았다. 하지만 문제집이 있는 탁자에는 앉지 않고 베란다에서 앵무새를 바라보기도 하고 화장실에 가서 볼일도 보기도 하면서 그 수학문제는 다 잊은 것처럼 보였다. 하지만 나는 그런 아이를 그대로 지켜만 보았고 거실 소파에 앉아 책을 읽거나 신문을 보는 등 휴일의 여가를 즐기고 있었다.

　그러던 중 우리는 점심 때가 되어 식탁에서 밥을 먹게 되었다. 그런데 밥을 한 두 숟가락 정도 먹었을까? 갑자기 아이는 밥을 먹다말고 거실에 있는 탁자로 달려가는 것이었다. 내가 "밥 안 먹고 뭐하는 거니?"라고 묻자, 아이는 다른 말은 않고,

　"생각났어!"

　라는 짧막한 말만 하고선 탁자에 달라붙어 문제를 풀기시작 했다. 그리고선 두 문제 모두 풀었다며 환희에 찬 얼굴로 손가락으로 브이(V)자를 나에게 그려 보였다. 그리고는 밥을 성급히 먹고 수학문제집의 남은 나머지 것들도 금세 후다닥 풀어 버리는 것이었다. 그래서

이 앙큼한 딸아이는 결국 두 문제만 풀고 시험을 보게 하겠다는 아빠의 말을 거역(?)하고 시험공부를 끝내 버린 것이다.

어떻게 이런 일이 벌어졌을까? 아이는 한 5분 정도만 탁자 앞에서 문제를 풀었고 계속 빈둥거리며 놀았는데 말이다. 놀면서 공부를 한 것일까? 책도 한 번 쳐다보지 않았는데 아이는 어떻게 문제를 갑자기 풀어버린 것일까? 알고 보니 두 문제를 약 5분 정도 계속 고민하다 보니 문제를 완전히 외워버린 것이다. 하기야 그도 그럴 것이 수학문제란 것이 길어봐야 두 세 문장 밖에

안 되니 그 문제가 뜻하는 바는 5분이면 충분히 외우고도 남을 것이다. 그래서 아이는 머릿속에 암기된 문제를 계속 생각하고 있었던 것이다. 즉, 남이 보기엔 빈둥거리며 노는 것 같이 보였지만 아이는 명상하는 사람처럼 모르는 수학문제를 부여잡고 씨름하고 있었다.

그래서 난 아이를 칭찬해 주고 대견하다며 치켜세워 주었다. 사실 내가 봐도 진짜로 대단한 한 판 승부였다. 그러고 나서 아이와 난 조금 전 사건에 대해 편하게 이야기를 나누었는데, 나는 아이의 머릿속에서 벌어진 일을 흥미롭게 묻고 또 물었다. 나는 이러한 일이 벌어질 것을 어느 정도 예상은 하였지만 이렇게 빨리 성과가 나올 줄은 꿈에도 몰랐기 때문에 기쁜 나머지 흥분된 어조로 아이의 성공담을 여러 번 듣고 또 확인한 것이다. 그런 다음 나는 아이에게 이렇게 말했다.

"그래, 수학은 원래 그렇게 즐겁고 재미난 거야. 수수께끼 문제 맞추는 것처럼 말이야. 심심하니까 수수께끼나 퍼즐 책을 돈 주고 사서 풀어보는 사람이 얼마나 많은지 아니? 수수께끼나 퍼즐과 어려운 수학 문제가 다를 게 없는 거지. 그러니 문제 풀다 어려운 거 나오면 반갑게 맞아 주고 그 문제에 빨간색 테두리를 쳐서 아껴 가며 친구처럼 즐기도록 하여라"

내 말을 듣고서 아이는 아빠와 자기 둘만의 비밀이 생긴 것처럼 즐거워하고 신나 했다.

보통 아이들이 수학문제를 푸는 것을 옆에서 자세히 살펴보면 아는 문제와 모르는 문제라고 판단하는 데 걸리는 시간은 거의 1분도 안 된다는 것을 알 수 있으며 많은 경우 10며 초 만에 즉, 문제를 보자마자 어떤 것은 연필로 문제를 풀어나가며, 어떤 것은 체크 표시만 하고 다음 문제로 바로 넘어가 버린다. 한 마디로 수학문제 하나를 푸는 데 1분도 생각을 하지 않는다는 것이다. 그러니 문제를 풀 때 깊게 골똘히 생각하여 해답을 끌어내는 즐거움을 모르게 되고, 때문에 수학을 시시하고 지루하다고만 생각하며 수학의 진정한 맛을 느끼지 못하는 것이다.

사실 내가 계획한 '수학포기 전략'이라는 것은 수학을 포기하라는 것이 아니라 수학공부는 '시험을 치기 위해 하는 것'이라는 생각을 가지고 있는 아이의 고정관념을 떨쳐 버리게 하려는 의도였고 '수학은 재미없다'라고 하는 잘못된 오해를 날려버리기 위한 시도였다. 또한 한 문제를 골똘히 오래 생각하는 연습을 통해 수학공부 이상의 그 무엇을 얻게 하려는 의도도 있었다. 한 문제를 골똘히 생각한다는 것은 매우 중요한데, 이것은 문제를 해결하기 위해 긴 시간 집중을 한다는 것이고 길게 집중하면 그 만큼 아이의 공부 집중력은 높아지게 될 것이기 때문이다. 1분 동안 골똘히 생각할 줄 아는 사람은 1분짜리 문제밖에 풀 수 없을 것이며, 1시간 동안 골똘히

위대한 수학선생님 라즐로 라츠 이야기

라즐로 라츠는 헝가리의 고등학교 선생님으로 제자들 중에 뛰어난 과학자를 배출한 것으로 유명한 인물이다. 라츠 선생님은 매달 한 번씩 교내 잡지에 새로운 문제를 게시하여 아이들이 골똘히 생각할 수 있는 계기를 만들어 주었다.

 아이들은 매달 라츠 선생님이 내어주신 어려운 수수께끼 같은 수학문제를 지속적으로 생각하는 훈련을 받음으로써 수학에 대한 흥미와 문제 해결능력을 향상시켰다고 한다.

1963년에 노벨 물리학상을 받은 유진 위그너도 라츠 선생님의 그런 가르침에 자극을 받아 수학에 흥미를 갖게 되었다고 하며 원자폭탄의 아버지라고 불리는 물리학자 레오 질라드와 수소폭탄의 아버지라 불리는 에드워드 텔러 그리고 오늘날 컴퓨터 이론을 최초로 창안한 존 폰 노이만 역시 라츠 선생님의 가르침을 받았다고 하니 한 선생님 아래에서 이렇게 많은 훌륭한 과학자가 배출되었다는 것은 그 가르침에 특별한 힘이 있다는 것을 증명한다고 하겠다. 우리나라에서도 라츠 선생님 같은 훌륭한 교사가 많이 나와 노벨상을 받을 만큼 인류 발전에 기여하는 인재가 양성되었으면 하는 바람이다. 물론 그러기 위해서는 내신 '관리', 성적 '관리', 자녀 진로 '관리' 등등 '관리'라는 말로 대변되는 입시중심의 교육문화가 먼저 개선되어야 하겠지만 말이다.

생각할 줄 아는 사람은 1시간짜리 문제를 풀 수 있는 것이다(물론 위대한 발명가나 노벨상 수상자와 같은 사람들은 한 문제를 풀기위해 몇 년을 포기하지 않고 골똘히 생각할 줄 아는 사람이다). 그리고 이런 골똘히 생각하는 훈련은 직장생활을 하거나 인생을 살아가면서 풀어야할 난관이나 문제를 해결하는 기초 체력을 증대시켜 줄 것으로 믿는다.

두 가지 고민

그리고 사건 있은 다음 주 아이는 수학시험에서 오랜만에 당당히 100점을 맞고 신나 하였다. 물론 보다 중요한 것은 '나는 수학에 약하다'라는 고정관념을 깨고 '하면 된다'라는 자신감을 얻었다는 것이며, 무엇보다도 수학문제 풀이에서 오는 즐거움을 스스로 알게 되었다는 것이 가장 큰 성과였다. 이 사건이 벌어진 것은 아이가 5학년 2학기 때의 일이며, 그 이후 성적은 100점과 95점을 오가며 고공행진을 하였다.

그러던 어느 날 일요일 아침이었다. TV동물농장을 보던 딸아이는 TV속에 나오는 고양이가 너무 귀엽다고 하면서 사줄 수 없냐고 물었다. 어릴 때부터 워낙 고양이를 좋아해서 책상 앞 스탠드에는 고양이 인형이 여러

마리 노닐고 있고, 아파트 화단이나 지하주차장에서 가르랑 거리는 고양이만 보면 소시지와 같은 먹을거리를 던져주고 쓰다듬어 주기를 좋아했다. 엄마는 "털에 세균이 있다. 고양이는 불결하다"라는 말로 아이의 그런 행동을 막아보려 했지만 아이의 고양이 사랑은 변하지 않고 계속되었으며 나는 그런 상황을 너무나 잘 알기에 TV속의 고양이를 갖고 싶다고 말하는 것이 하나도 낯설게 들리지 않았다. 하지만 엄마가 고양이 키우는 것을 극도로 반대하고 있다는 것도 익히 알았기 때문에 이런 두 가지 상황, 즉 아이가 고양이를 좋아한다는 것과 엄마가 고양이를 극도로 싫어 한다는 것을 고려하여 나는 이렇게 대답하였다.

"시험 올백(All 100) 맞거나, 수학을 연속으로 세 번 100점 맞으면 고양이 사 줄게."

무심코 던진 말이었으며, 설마 그런 일이 벌어지리라고는 전혀 기대하거나 걱정하지 않고 한 말이었다. 더구나 6학년이 된 이 녀석은 얼마 전에 학교 선거에서 전교회장으로 당선되어 이리 저리 바쁜 상황이었기 때문에 나는 아이가 그리 시험을 잘 볼 것 같다고는 생각하지 않았다. 원래 전교회장을 맡고 나면 일시적으로 나마 성적이 떨어질 것이라는 것이 나의 객관적 예상이었다.

그래서 나는 아이가 정말로 사줄 거냐고 채차 묻고 확인할 때에도 자신 있게 "그래, 그렇다니깐"이라고 하며 확인 도장까지 쿡 찍어 주었다.

그리고 얼마 후, 아이가 또 다시 수학을 100점 맞았을 때에도 나는 전혀 걱정을 하지 않았고 담담한 심정이었다. 하지만 그 다음 시험에서 100점 시험지를 들고 오자 슬슬 염려가 되기 시작하였고 무언가 빠져나갈 궁리해야겠다는 잔머리가 돌아가기 시작하였다. 그리고 그 다음 수학시험의 결과 발표가 있는 날 오후, 아이에게서 온 문자메시지를 확인하고서 나는 어떻게 해야 할지 몰라 아내에게 급히 연락을 해야 했다. 아이에게서 온 문자에는 짧게 이렇게 씌어 있었다.

"아빠~ 고양이 ∧.∧"

문자를 보니 한껏 들떠 있는 딸아이의 얼굴이 눈에 선하였다.

나는 곧바로 아내에게 전화를 걸어 어떻게 하면 좋겠냐고 물어봤는데 아내는 "고양이는 절대 안 돼"라고 하며 일언지하(一言之下)에 전화를 바로 끊어 버렸다. 그리고 현재까지 이러한 고양이를 둘러싼 가족 내부의 갈등은 지속되고 있다. 하지만 '수학포기 전략' 덕택에 생긴 이런 고민과 갈등은 인생을 좀 더 길게 놓고보면 아이를 키우면서 생기는 고맙고도 행복한 고민이라 생각하며 오늘도 인터넷에서 '털이 적게 빠지는 고양이'를 검색하고 있다.

한편 요즘 우리 아이는 중학교 입학을 앞두고 무엇을 준비해야 할까 고민하고 있는 것 같다. 친구들이 벌써 중학교 수학을 선행 학습하고 있다는 말을 어디선가 듣고서 슬슬 걱정이 되어서 그런 것 같다. 상황이 이러하니 아니나 다를까 아이의 엄마는

"이제는 수학학원을 보내야 하지 않아요?"

하면서 또다시 압박을 가한다. 이러한 상황에 대해 혼자 수학문제 풀기를 즐겼던 아이의 생각도 조금씩 변하여서 자기도 조만간 중학생이 되기 때문에 세상 흐름에 맞춰 무언가 대비를 해야 할 것 같다는 생각을 하고 있는 듯하다. 서글픈 현실이다. 수학학원을 보내려면 월-수-금 한 시간씩만 하더라도 약 30만 원의 학원비가 든다. 만약 대부분의 아이가 이렇게 학원에서 선행 학습을 해야 한다면 최저임금 이하의 가정에서 자라나는 아이들의 미래는 없는 것인지 서글픈 현실이 아닐 수 없다. 또한 학원에서 중학교 수학문제를 푸는 방법을 기계적으로 익힌 초등학생들이 만연한 우리나라에서 과연 미래에 노벨상을 받을 만한 훌륭한 과학자나 세계적인

수학자가 탄생할 수 있을까하는 걱정도 된다. 물론 주변의 대다수 지인들은 그런 걱정은 자식을 먼저 SKY대학에 보내놓고 해도 늦지 않다 라고 충고를 할 테지만 말이다.

●와룡선생의 평형공(平衡功)과 내 어릴 시절

위에서 말한 바와 같이 우리 딸아이가 동식물에 유독 관심을 가지는 것을 보면 내 어릴 적 모습이 생각난다. 생각해 보면 나도 딸 아이 만큼이나 그랬던 것 같다. 초등학교 때 나의 별명은 '생쥐'였는데, 그건 내가 초등학교 2학년 때 요구르트 병에 생쥐를 넣고 다니면서 키웠기 때문에 붙여진 것이다. 당시 나는 학교 가는 길 근처 무너진 담벼락 사이에서 엄마 잃은 어린 생쥐를 발견하였는데 그 녀석을 학교에 들고 온 것이다. 당시 생쥐는 아주 작고 눈도 아직 뜨지 못한 상태라 또래 친구들 사이에서 인기가 꽤 좋았다. 나는 그 생쥐를 먹이도 주고하며 한 동안 보살폈는데, 친구들은 이런 나를 특이하게 보았는지 그 이후부터 나를 생쥐라고 불렀다. 그 이후에도 나는 동물이나 곤충 같은 것을 기르기를 무척 좋아해서 강아지나 고양이 같은 기본적인 애완동물 이외에도 개울가에서 잡아온 가재나 메기, 미꾸라지는 물론 아기

참새, 병아리, 붕어, 개미 등 상당히 다양한 생물들과 친구가 되었던 것 같다.

하지만 내가 어릴 때 진짜로 오랫동안 좋아했던 것은 이런 애완동물이 아니라 우리 집 마당과 집 주변에 뺑 둘러서 피어있는 노란 국화꽃[15]이었던 것 같다. 꽃을 좋아 하시던 어머니는 어디선가 소국 같이 보이는 노란 국화를 서너 송이를 가져다가 집 앞에 심으셨는데, 그 꽃들은 어머니가 해마다 포기나누기를 하여 몇 년 후에는 수만 송이의 국화로 증식되었고 우리 집 주변은 마치 커다란 국화꽃 단지처럼 변하였다. 나중에는 꽃이 너무나 많아져서 꽃의 일부를 청룡사라는 가까운 절의 스님이 가져가기도 하였는데 그 때 준 국화꽃의 분량이 거의 한 트럭 분량이었다. 이렇게 노랗게 핀 수많은 국화들은 어린 시절 나의 친구이자 장난감이자 말동무였다. 우리 집에는 메리라는 강아지가 있었고 나는 메리와 함께 국화들이랑 하루 종일 이야기하고 교감하는 것을 무척이나 좋아했다. 내가 국화랑 한참을 이야기하고 있으면 옆에 있는 메리는 자기도 그렇게 생각한다는 듯 한 눈빛으로

---

[15] 국화는 동양에서 관상식물로서는 가장 오래된 꽃으로 알려져 있다. 기록에 따르면 약 3000년 전부터 중국에서 길렀던것 같다.

나를 쳐다보았고 나는 국화와 강아지의 눈을 하루 종일 번갈아 보면서 마치 사람들과 이야기 하는 것처럼 이들과 대화하며 많은 시간을 보냈다. 어찌 보면 좀 괴짜 같은 아이였다고 볼 수 있다.

그런데 나는 훗날 진주동명이라는 고등학교에 입학을 하게 되었고, 그 고등학교는 서울대 많이 보내기로 유명한 명문답지 않게 나만큼이나 괴짜 같은 특이한 교육방침을 가지고 있었다. 일단 입학 첫 날부터 학생들에게 예상치 못한 엉뚱한 것을 권하기 시작하였는데, 그것은 다름 아닌 학교 정원의 돌 중 하나를 선택해서 그 돌을 자기 돌로 만들고 그 돌과 계속 이야기 하게 하는 것이다. 당시 진주동명고는 운동장에 커다란 바위부터 사람 머리만한 돌까지 수많은 돌이 있었는데, 학생들 보고 이 돌들에게 말을 걸라고 하는 것이다. 학생들은 단상 위에서 하는 선생님의 말을 듣자마자 정말 어이가 없다고 생각했는데, 나는 아직도 입학식 날 지리선생님이 했던 말이 기억에 생생하다.

"여러분은 아직 1학년이라 잘 모르겠지만, 계속 돌과 이야기하다 보면 한 2학년 쯤 되면 감이 슬슬 오기 시작하고 3학년 중반 쯤 되면 자기도 모르게 돌과 친구가 되어 말을 하고 있을 겁니다."

시커멓고 네모난 얼굴의 지리선생님의 진지한 이 말에 많은 친구들이 낄낄 거리고 웃었지만, 한편으로 우리는 '아, 고등학교 공부가 얼마나 고달프고 힘들었으면 그럴까' 하고만 여겼었다. 한 마디로 약간 서글픈 개그처럼 느꼈다. 물론 나의 경우는 어릴 때부터 내공(?)이 어느 정도 쌓인 상태라 그것이 너무 자연스럽게 받아들여졌지만 말이다.

그리고, 입학식 날 학생들에게 한 그런 요상한 권고는 생활관 입소를 통해 좀 더 구체화 되었다. 이 학교는 학생이면 누구나 일주일간 생활관 수련을 통해 새 사람(?)으로 거듭날 수 있게 배려하였다. 당시 학교의 분위기는 서울대 합격생 수를 한 명이라도 끌어올리기 위해 혈안이 되어 있었는데도 불구하고 생활관 활동만큼은 철저하게 지켜졌다. 교장선생님은 생활관 활동이 공부하는 시간을 축낸다고 우려하기도 하였지만 입학식 날 교단에 올라와 연설을 하시던 새까만 얼굴의 지리선생님과 그의 교육방침에 동조하는 몇몇 선생님들은 이러한 생활관 활동을 끝까지 사수하였다. 그런데 이러한 생활관 활동의 주요 컨셉은 바로 마인트콘트롤이라는 이름을 걸고 하는 수업으로 주요 내용은 '나무도 사람처럼 생각을 한다'라는 이론을 과학적으로 설명하는 것이었다. 전체 내용을 간단히 요약하자면 아래와 같다.

〈나뭇잎에 파장을 감지할 수 있는 전자장치를 달고서 그 나무에게 "사랑한다"라고 말을 하면 그 나무로부터 나오는 파장이 확연히 달라져서 호감을 나타내는 유형의 파장으로 변하며, "너 미워, 싫어"라고 말하면 그 나무로부터 나오는 파장이 화내는 것과 같이 변한다는 것이다. 즉, 나무도 사람의 말을 어느 정도 알아듣는다는 것이다. 그런데, 나무에게 "너 미워, 싫어"라고 했던 그 사람이 다음에 다시 와서 나무에게 "사랑한다"라고 말을 하면 어떻게 될까? 그 나무는 이 사람이 예전에 자신에게 욕을 했던 바로 그 사람임을 알아차리고 화내는 파장을 또 다시 분출한다는 것. 즉, 첫 인상(First impression)과 고정관념이 식물들에게도 통한다는 것에 대한 과학실험 결과이다.〉

즉, 세상 모든 만물들이 서로 교감하고 통한다는 것이 이 수업의 핵심이었다. 아무튼 좀 괴짜 같은 선생님들이 많은 학교였지만 그 해에도 우리학교는 문제없이 전국 최상위권의 명문대 합격생수를 자랑하였다.

독자들은 이러한 저자와 진주동명고 지리선생님과 같은 사람을 괴짜 혹은 좀 맛이 간 사람이라고 생각할지도 모른다. 하지만 다음 이야기를 들으면 생각이 달라

질 것으로 생각한다.

　우리가 흔히 현자(賢者)라고 칭하는 사람 중에 중국의 와룡선생(제갈공명)이 있다. 그는 뛰어난 전략가로서 위나라와 오나라에 비해 여러모로 버거운 촉나라의 유비를 도와 어려운 시기를 지혜로서 헤쳐나간 인물이다. 그런데 이런 와룡선생의 공부는 어떠했을까? 기록에 따르면 와룡선생은 책을 읽을 때 '관기대략(觀其大略)' 즉 책의 가장 핵심적인 것만 보고 세세한 것은 신경 쓰지 않았다고 한다. 어떻게 보면 멋있게 보이지만 어떻게 보면 책 차체의 세부적 내용에 얽매이지 않고 책을 그저 이치를 깨닫기 위한 수단 내지는 도구로만 삼았다는 의미로 들린다. 시골에서 농사를 지으며 공부를 한 와룡선생이 책을 좋아했다고 한들 얼마나 많은 책을 접할 수 있었겠는가? (이에 비해 우리나라 추사김정희의 경우는 왕족으로서 친척 집에 사설 도서관이 있을 정도였으니 요즘 같으면 대형서점이나 시립도서관 근처에 사는 사람과 같다). 물론 내말은 와룡선생이 책을 많이 읽지 않았다는 말이 아니라 책을 많이 읽었기 때문에 현자가 되었다는 것이 아니다 라는 말이다.[16]

---

[16] 물론 와룡선생이 젊은 시절 학문을 닦은 형주는 당시 전란을 피해 명망 높은 문인들이 많이 살았고 와룡선생은 이들과 활발한 교류를 하였다. 그리고 와룡의 장인도 인근 양양지역의 유명한 문인이자 대부호인 황승언이었다는 점을 보면 상당히 많은 학자들과 소통하고 독서도 많이 하였을 것이라는 것을 유추할 수 있다. 하지만 여기서는 그러한 학문적인 능력이 아니라 위대한 전략가로서의 능력에 대해 말하고 있다.

그렇다면 와룡은 어떤 공부를 하였을까? 와룡선생은 '평형공(平衡功)'[17]이라는 정신수련을 하였다고 하는데, 평형공은 나무로부터 시작하여 강이나 바다 등 자연과 교감하고 교류하여 몸과 마음의 밸런스를 맞추는 수련법이다. 주로 초보자들은 나무를 끌어안고 수련하는 것으로 알려져 있는데, 아마도 와룡선생은 청년시절 나무와 많은 교감을 하였을 것으로 추측된다. 이렇듯 자연과 교감을 하면서 자연법칙을 탐구하였기에 비로소 현자의 위치에 올랐지 않았나 생각된다. 와룡선생이 만약 책만 읽고 자연에 가깝게 다가가지 못했다면 삼국지에 나오는 것과 같이 저절로 가는 수송도구인 목우유마(木牛流馬)나 오늘 날 행글라이더와 비슷한 비차(飛車) 그리고 따뜻한 바람이 가벼워서 위로 올라가는 원리를 이용한 풍등(風燈) 같은 발명품을 어떻게 만들었겠으며, 또한 적벽대전에서 한 겨울에 남동풍이 불어오는 시기를 정확히 예측할 수 없었을 것이다.

그렇다고 해서 내가 와룡선생처럼 평형공을 터득하여 대자연과 교감하는 경지에 올랐다는 것은 아니다. 하지만, 진주동명고 지리선생님의 교육방침대로 자연이

---

[17] 와룡선생은 사부 황석공에게서 도가공법의 정수라 할 수 있는 칠성보법(七星步法)도 전수 받았는데 이 또한 자연과 하나가 되는 수련법이다. 황석공은 산에서 본 자그만 새를 유심히 관찰하다가 이 수련법을 터득했다고 알려진다.

우리 주위에서 늘 살아 숨 쉬고 있다는 것을 인식하며, 그러한 자연과 교감하는 것이 우리 자녀들의 두뇌 발달과 학습에 도움이 된다는 것을 말하고 싶다. 그러니 어린 자녀들이 길가의 풀이나 나무 그리고 주변의 작은 생물들에게 관심을 가질 때 잠자코 내버려 두시라. 대부분의 경우 그렇게 내버려 두면 한참을 그 놈과 대화 내지는 공부 하고 있을 것이다. 혹시 아는가? 여러분의 자녀가 와룡선생과 같은 능력을 갖춰 먼 훗날 남북으로 갈라져 부끄럽게 살아가는 대한민국에 남북통일을 앞당길 지략을 쏟아낼 현자로 성장할지.

나는 친구들 사이에서 '와룡동자'란 별명/필명으로 알려져 있다. 하지만 이러한 이름을 쓰는 이유는 삼국지에 나오는 제갈공명과는 별 관련이 없다. 이것은 그냥 나의 본적이 사천시 와룡동이며 우리 가문이 천년 넘게 와룡산 기슭에서 살아왔기 때문에 '와룡동(臥龍洞)의 아들(子)'이란 뜻으로 와룡동자라고 별명을 지은 것뿐이다. 물론 이렇게 별명을 지은 것은 우연이지만 앞에서 말한 결부법에 입각해서 나는 다른 사람들보다는 좀 더 많이 와룡선생(제갈공명)에 대해 알아보려고 노력했었다. 와룡동자의 별명을 쓰는 내가 와룡선생에 대해 궁금증을 가지고 그에 대한 정보를 찾아보는 것은 너무나 자연스러운 일이기 때문이다.

변신 마법

로열탱고하우스 대표 빅토리아

많은 사람들은 현재의 자기 모습에
만족하지 않고 더 나은 모습으로
변신을 꿈꾸는 것 같다.
이러한 변화는 비단 공부 성적을
획기적으로 올리거나
큰 시험에 합격하는 것만 아니라
자신의 그릇된 오랜 습관을
고치는 것부터 시작해서
정체된 현재 자신의 모습이나 삶에
큰 변화를 주고자 하는 것들까지 포함된다.
주변 직장동료들이나 친구들과 이야기 하다보면
공부에 대한 욕구 이외에
이런 변화에 대한 열망을
심심치 않게 토로하는 것을 알 수 있었다.
이 번 이야기는 그러한 사람들에게
들려주고 싶은 내 사촌여동생의
이야기이다.

'빅토리아'와의 약속

2014년 6월 점심 경. 나는 오랜만에 잡은 사촌 여동생 영아와의 식사 약속에 늦지 않기 위해 학동사거리에 있는 한 한식집으로 차를 몰았다. 영아는 우리 집에서 차로 10분 거리에 있는 가까운 곳에 살고 있지만 영아가 한 동안 외국에서 거주 하였고 또한 한국에 와서도 하는 일이 워낙 바쁘고 또한 밤늦게까지 일하다보니 시간을 내어 한 번 만나기가 쉽지 않았다. 아무튼 오랜만에 영아를 만난다는 소식에 벌써부터 기쁜 마음이었다.

영아는 내가 군대를 다녀온 후 같은 대학, 같은 단과대를 비슷한 시기에 다녔기 때문에 학교 다닐 때에는 자주 만나 친동생처럼 지냈다. 영아는 아담한 체구에 맑은 눈망울을 가졌으며 특유의 사근사근한 말투로 대학교 시절 남학생들 사이에서 인기가 꽤 좋았다. 아주 퀸카는 아니지만 남학생들 사이에선 여리고 현모양처 같은 스타일과 행동으로 미래의 신붓감으로 삼고자 하는 동기와 선배들이 여럿 있었던 것 같다. 그래서 영아와 내가 캠퍼스나 학교 근처 안암동 일대를 거닐 때면 같은 학과 남학생들이 우리 곁에 속속 다가와서 금세 한 무리가 되곤 했다. 하지만 영아는 이러한 남학생들의 관심은 아랑곳하지 않고 자기 할 일에만 몰두하여 그들을 애타게 하였는데, 그럴수록 남학생들은 사촌오빠인 나에게 더욱 더 친근하게 다가와 아는 체를 하곤 했다. 이들에게는 내가 학교 선배이기 이전에 자기가 좋아하는 한 여성의 친척 오빠쯤으로 생각되었던 것 같다. 그러다보니 후배들과 영아 그리고 나에 얽힌 기억에 남는 추억들도 많았으며, 이런 영아를 몇 년 만에 다시 만난다고 하니 옛날 생각이 새록새록 피어올랐다.

하지만 이렇게 영아를 만나는 것은 오랜만에 쌓인 회포를 풀어보고자 한 것 외에 또 다른 특별한 이유가 있었다. 그건 놀랍게도 요즘 영아가 나의 예상을 깨고 좀 색다른 모습으로 TV같은 데서 등장(?)하고 있기 때문이었다. 그래서 나는 이런 일들이 어떻게 벌어진 것이며 도대체 이 녀석이 문제없이 잘 살고 있는 건 지 걱정 반 기대 반으로 한 번 확인해 보고자 하는 심사도 있었다.

얼마 전이었다. 나는 우연히 TV와 인터넷을 통해 영아가 우리나라 탱고계의 유명인사로 등장하고 있으며, 압구정동에서 탱고아카데미 대표로 활약하고 있다는 사실을 알고서 놀라지 않을 수 없었다. 아니, 고려대 통계학과 나온 녀석이 탱고계의 유명인사라니 그것도 탱고아카데미 대표라면 그것을 업(業)으로 한다는 것 아닌가? 나는 도무지 상상이 가질 않았다. 내가 아는 영아는 누가 봐도 여리고 어린 스타일의 한 마디로 국민 여동생 같은 여자라 이런 일을 해낼 거라고는 상상이 가질 않았기 때문이었다. 물론 몇 년 전부터 나는 페이스북에 게시되는 사진에서 영아가 사교댄스를 하고 있는 모습을 포착할 수 있었다. 하지만 그것이 직업으로 할 만큼 이 아이의 인생에 그렇게 큰 부분으로 차지하고 있을 거라곤 전혀 생각도 하지 못했다. 아래는 영아의 주요경력이다.

영아의 주요 경력

● 2006~2012, 아르헨티나 탱고유학, 장르별 탱고마스터들과 문화예술 교류
- 1차 유학(2006.10~2007.4) 현존 최고의 탱고 마에스토로 들에게 사사
- 2차 유학(2008. 4~2009.4) 현지 언어와 탱고문화 습득 및 세계무대 탱고비젼 연구
- 3차 유학(2009.12~2010.9) 세계대회 출전, 공연, 탱고 교육프로그램 제작, 본격적인 프로페셔널 활동
  · 현지 첫 공연 : 2010.2월 밀롱가 "Sin Rumbo"
  · 부에노스 아이레스 영화 'Los extrangeros' 출연
  · 탱고테라피 콩르레스 참가 및 문화교류
  · Daniel & Cristiana(2008 탱고 세계챔피온)과 함께 국제지도자 자격증 프로그램 기획 및 제작
- 4차 유학(2011.8~2012.6)
  · 세계 탱고 대회(Mundial) 살롱부문 결승 진출(Finalista Rank. 19)
  · El Juvenil 극장에서 코퍼레이션 탱고쇼 출연
  · 밀롱가 단독 초청 공연 : Boedo Tango, La Baldosa, Porteno y Bailarin, La Maria, Fruto Duice, Tango Cool

- 정통 탱고의 거장 까를로스 펠즈로부터 6년간 사사 후 탱고 마스터 칭호 획득
- 2007 초대 코리아 오픈 탱고 챔피온쉽 챔피온
- 탱고 문화 예술 기획 및 주최
– 2009~2013 오또뇨 탱고 페스티발 주최
– 2010~2013 프리마베라 탱고 페스티발 주최
– 2012 탱고 비엔날레 & 제1회 월드탱고 챔피온쉽 공동 주최
– 2013 로열탱고 챔피온쉽 주최
– 2013 코리아 탱고 챔피온쉽 주최
– 2013 서울시 춤바람 프로젝트 공동기획
- 국내외 탱고챔피온쉽 심사위원
– 월드탱고챔피온쉽 등 심사위원, 코리아탱고챔피온쉽 조직위원장
- 예술문화활동
– 2011 서울 국립무용단 창작무 '솜사탕' 객원 댄서 공연 @ 국립극장
– 2012 KBS 아침마당 출연
– 2013 KBS 문화책갈피 출연
– 2013 한국피앤지 기업홍보 CG 안무
– 2013 문화관광부 주최 문화역 서울 초청공연
- 현, 서울 압구정동 로열탱고아카데미 대표

이 경력만 보면 십중팔구 사람들은 영아가 처음부터 탱고를 위해 살아온 사람으로 볼 것임에 틀림없다. 하지만 먼저 이야기 했듯이 영아의 이전 삶은 이러한 탱고 마스터의 길과는 전혀 다른 것이었다는 걸 알면 놀랄 것이다. 나는 이렇게 특별하게 유명인사가 되어 버린 영

아, 아니 이제 '빅토리아'라는 가명을 쓰며 활동하고 있는 내 사촌동생의 모습은 지금 어떻게 변했을까를 그리면서 같이 점심을 먹기로 한 음식점 앞에 있는 자그마한 정원에 걸터앉아 영아의 지난 시절을 머릿속에 잠시 되짚어 보았다.

빅토리아의 옛 이야기

지금 와서 생각해 보니 대학시절에도 영아는 무언가에 상당히 몰두하는 경향이 있었던 것 같다. 대학교 1~2학년 때 영아는 저녁마다 아르바이트 삼아 중고등 학생들에게 과외를 했는데 보통의 대학생들이 하는 아르바이트와는 규모가 달라 거의 '사업' 수준으로 촘촘한 스케줄을 소화해 가며 꽤 많은 학생들을 가르쳤다. 나는 영아가 학교생활보다 너무 과외에 몰두하여 대학생활을 그르치는 것이 아닌지 걱정이 되어 "학생은 공부하는 게 돈 버는 거다"라며 충고를 몇 번이나 하였는데, "나는 힘들지 않다, 오히려 재미있다"라고 하며 열심히 과외하고 돈을 벌었다.

또한 3~4학년 때에는 당시 유행이었던 단전호흡을 배웠는데 어찌된 일인지 얼마지 않아 그 방면에서 어느 정도 경지에 올랐고 '뇌호흡 트레이너'가 되어 주말이면 백화점 같은 곳에서 아줌마들을 가르치며 또한 부수입을 올리고 있는 것이었다. 이 때도 나는 영아가 혹시 정신적으로 좀 이상한 방면으로 흐르지 않을까 걱정하며 우려의 마음이 들었지만 이 녀석도 조금 있으면 취업 준비도 해야 하고 그렇게 바빠지게 되면 그런 일은 하고 싶어도 못할 거라고 생각하며 지켜만 보았다. 아니나 다를까 영아는 얼마 후 통계학과라는 전공을 살려 LGEDS라는 대기업에 전산 전문가로 취직을 하게 되었고 직장생활에 하루하루 바삐 생활하는 듯하였다.

그리고 3년이 지난 후 어느 날 영아에게 전화가 걸려 왔다.

"오빠, 나 회사 차렸어요. 시간 나실 때 한 번 들러 보세요."

난데없고 황당한 소식이었다. 그 좋은 대기업 입사한 지 얼마나 되었다고 그걸 그만두고 회사를 차린단 말인가? 도대체 무슨 회사인가? LGEDS에서 쌓인 컴퓨터 관련 노하우를 바탕으로 한 소프트웨어 회사일까 아니면 게임업체? 나는 여러 가지 가능성을 머릿속에 상상하였고, 전화를 받자마자 신설동 근처에 있는 영아의 회사로 가 보았다.

가서보니 회사란 것이 허름한 3층짜리 상가의 옥상

에 있는 서너 평 남짓한 옥탑방이 고작이었다. 옥탑방 안을 아니, 회사를 들어가 보니 사방에는 플라스틱으로 만든 서랍장이 수십 개가 놓여 있고 한 쪽 구석에는 책상이 하나 놓여 있을 뿐이었다. 직원이라고는 자기 혼자, 자기가 사장이고 직원이다. 말로는 조만간 여직원을 채용할 거라고 하는데, 이 비좁은 곳에 직원이 앉을 곳이 있기나 한지 영 믿기지가 않았다.

그러고 어떻게 해서 이런 사업을 벌일 생각을 했느냐는 나의 질문에 최근에 자기가 비즈공예를 배웠는데 이것을 사업으로 확장하게 된 것이라고 하였다. 비즈공예? 나는 그게 뭐하는 것이냐고 다시 물었고 이에 대해 영아는

"목걸이나 반지, 열쇠고리 같은 걸 손으로 직접 만드는 건데, 은근히 중독성 있어요. 재미있고요. 오빠도 함해 보세요. 이거 만들다 보면 밤을 샌다니까요"라고 하며, 최근에는 자기가 왜 이 사업을 하게 되었는지를 설명해 주었다.

영아는 취미로 목걸이나 열쇠고리 같은 것을 간단한 도구를 사용해 손으로 직접 만드는 것을 배웠는데 하다 보니 자기가 만든 작품(?)이 방안에 가득 쌓이게 되었고, 이것을 팔면 사업이 되겠다 싶어 회사를 차린 것

이었다. 그리고 자기처럼 비즈공예를 배우고자 하는 사람들을 모집하여 가르치는 교육사업까지 하자 그럴듯한 회사가 된 것이다. 그리고 영아는 전공이 컴퓨터 쪽이라 회사의 홈페이지를 만들고 관리하는 데에는 일가견이 있기 때문에 인터넷상으로는 제법 번듯한 회사처럼 꾸며 놓은 것도 영아만의 강점이었다.

하지만 이번에도 나는 영아가 시작한 새로운 일이 못내 걱정스러워 여러 가지 충고와 이야기를 해 주었으며, 그 중에는 대기업에서 주는 안정된 수입만큼 사업체를 운영해서 벌기란 결코 쉽지 않을 것이란 말도 있었다. 나는 자기 전공을 벗어나 척박한 곳에서 새로운 사업을 시작하는 영아가 정말로 안쓰럽고 불안해 보였고, 그것이 내가 친 동생처럼 여겼던 사촌 여동생, 그것도 여리고 여린 성품을 가진 아이가 벌이는 일이라 더더욱 걱정스러웠다. 4년 동안 대학에서 컴퓨터와 통계를 배웠으면 그걸로 먹고살 생각을 해야지 난데없이 가내수공업의 일종인 비즈공예라니 나는 참 어이가 없고 뚱딴지같은 발상이라 생각했다.

그리고 나는 이 녀석이 무슨 배짱으로 회사에 사표를 쓰고 자기 사업을 해 보겠다고 나섰는지 그 무모함에 혀를 내둘렀다. 사업을 하려면 먼저 사람을 채용하고 그 사람을 부릴 줄도 알아야 하며, 제품을 만들기 위한 원자재를 납품받고 완성품을 고객에게 배송하는 시스템도 자체적으로 마련해야 하고 뿐만 아니라 회사 매출등에 대한 회계장부를 정리하는 것에 대한 노하우도 있어야 할 것인데 말이다. 나는 나름 경제학과를 나오고 회사생활을 한 경험을 살려 이러 저러한 조언을 해주었고 특히, 사업을 하다보면 사람들에게 속기 쉬우니 조심하라는 말까지 이어갔는데 영아는 이렇게 말하는 내 얼굴을 빤히 쳐다보더니

"예, 알았어요. 걱정 마세요, 오빠"라고 하며 자기는 별 걱정 없을 것 같다는 표정으로 미소를 지었다.

영아의 믿음 때문이었을까. 그 후 사업은 그렇게 대박은 아니더라도 어느 정도 정상궤도에 올랐었고 비즈공예 업계에서는 나름의 명성을 쌓아가며 안정기에 접어드는 것 같았고 나는 영아의 사업에 대한 걱정은 한동안 잊고 살았으며, 가끔씩 삼성동의 내 회사 근처에 볼 일이 있어 찾아올 때면 식사도 하며 그렇게 시간은 흘러갔다.

그러던 어느 날, 영아가 '구슬쟁이'라는 비즈공예 회사를 설립한지 한 3년이 되었을 쯤 이었다. 영아는 그동안 키워온 회사를 처분하고 돌연 남미로 여행을 떠난

다고 하고선 한국을 떠나 버렸다. 그래서 난 '이 녀석 회사 차려 번 돈으로 세계 여행을 떠나는 구나. 세상 참 재미나게 사네. 여행에서 돌아오면 남미 이야기나 들어 봐야지'라고 생각하였다. 그런데, 영아는 그 이후 7여 년간 연락이 두절된 상태로 자취를 감추었고, 페이스북 에서도 영아의 이름은 검색이 되지 않았다. 한 마디로 '잠수'를 탔다고 생각했다. 하지만, 뒤늦게 알고 보니 영아는 페이스북에서 자신의 본명이 아닌 '빅토리아'라는 가명을 쓰고 있었고, 탱고계에서는 익히 알려진 유명인사로 활발한 활동을 하고 있었다. 그리고 최근에는 TV에도 출연하기도 했다는데, TV라고는 사극과 뉴스만 보는 내가 그 사실을 알 리가 만무하였다.

그저 남미로 여행을 떠났다고만 생각하였던 영아는 아르헨티나로 가서 탱고의 거장들로부터 가르침을 받고 거기서 배운 기술을 바탕으로 세계 탱고대회에 출전하여 결승까지 오르는 등 탱고 연마에 온 힘을 쏟아 나름의 결실을 맺고 있었던 것이다. 내가 모르는 사이에 엄청난 일을 저지르고 있는 영아. 과연 이 아이, 아니 그녀가 이룩한 이러한 결실의 원천은 무엇이었을까? 서른이 다 되어서야 시작한 탱고에서 최고의 마스터 반열에 올라갈 수 있었던 비결은 무엇일까? 물론 피나는 노력이나 남모르게 흘린 땀방울이 있었을 거라는 것은 너무나도 당연한 것이라 생각되었고, 숱한 경쟁자들을 물리치고 세계대회의 결승까지 올라갔을 때에는 저만의 탁월한 선택과 전략도 있을 것이라는 짐작을 하니 마냥 어리게만 보아왔던 영아가 정말로 대견하게 여겨졌다. 너구나 지금은 압구정동에서 알아주는 탱고아카데미 대표로 인생을 살아가고 있으니 누가 봐도 경륜 있는 사회인으로서 더 이상 설익은 조언이나 충고 따윈 해 줄 필요도 해 줄 수도 없게 된 것이다.

빅토리아는 변신 마법사

지금 와서 생각해 보니 영아는 참 많은 변신을 거듭해 온 것 같다는 생각이 들었다. 고려대 통계학과 학생에서 뇌호흡 트레이너, 대기업 전산부서 컴퓨터 프로그래밍 담당 직원, 구슬쟁이라는 비즈공예 제조업체 사장, 그리고 탱고 아카데미 대표까지. 어떻게 보면 그녀의 경력 그 어느 하나도 이전 경력과 연관성을 찾아 볼 수가 없다. 정말로 제대로 된 변신을 거듭한 변신 마법사라 칭할 만하다.

일반적으로 사람이 크게 변화를 경험하게 될 경우에는 그럴 만한 사정이나 이유가 있기 마련이다. 어려운 상황에 직면하여 그 어려움을 극복해야만 살아남을 수 있다는 절박한 마음에 이를 타개하기 위한 방법을 찾다가, 혹은 그러한 어려움을 극복하는 과정에서 짧은 시간에 자신의 성격이나 능력이 크게 변화하기도 하고, 또는 사랑하는 사람을 잃고 그 슬픔을 극복하는 과정에서 무언가에 몰두 하다 보면 놀라운 성과를 올리기도 한다.

사례를 들자면, 나와 고대 경제학과를 같이 다닌 같은 학번 친구 중에 윤제균이가 있다. 이 친구는 영화〈해운대〉의 감독으로 천만 관객을 동원한 우리나라의 대표적 영화인이다. 하지만 그는 서른 전까지만 해도 경제학과를 졸업하고 일반 대기업 기획부서에서 일하는 평범한 샐러리맨 이었고, 그 이전에는 영화를 만드는 일에는 어떠한 전문적인 교육을 받거나 영화 연출을 해 본 경험도 없었다. 즉, 경제학과 나온 평범한 직장인에서 유명 영화감독으로 순식간에 탈바꿈한 것이다. 대부분의 영화감독은 어릴 때부터 영화감독에 대한 꿈을 갖고 매진한 사람이거나 방송인에서 영화감독으로 전환한 경우가 많다. 즉, 보통의 경우는 종합예술가인 영화감독으로 탄생하기 위한 나름의 토대를 가지고 있었다는 것이다. 하지만 제균이는 이러한 토대 없이 성공적인 영화감독으로 성장했다고 볼 수 있다.

그렇다면 제균이에게는 어떤 일이 벌어졌길래 이런 것이 가능하였을까? 제균이는 대학교 2학년 때 아버지가 돌아가신 뒤 경제적으로 상당히 어려움을 겪었다. 아르바이트로 등록금을 내야했고, 결혼할 때도 돈이 없어 부인 몰래 마이너스 통장을 만들어서 결혼식을 올렸다고 한다. 돈이 없어 대출을 받았다고 하면 결혼을 안 해줄 것 같아서 말이다. 그런데 결혼한 그 해 1998년에 우리나라가 IMF사태를 맞으면서 회사는 전체 직원에게 무급휴직 명령을 내리게 된다. 휴직으로 회사에서 월급을 못 받으니 부인 몰래 간직한(?) 마이너스 통장의 이자를 갚기가 막막해지고 남모르는 생활고와 스트레스는 이만 저만 한 것이 아니었다고 한다. 돈이 없으니 부인과의 갈등이 심해지고 결국 부부가 각 방을 쓰게 되었으며 밥 먹을 돈도 차비도 없이 작은 방에 갇혀 버린 불쌍한 제균이는 돈 없이도 할 수 있는 것을 찾다가 '그래 내가 영화를 좋아하니 시나리오를 한 번 써보자'라고 마음먹게 되었고 그렇게 해서 한 달 동안 쓴 시나리오 '신혼여행'이 1999년 태창영화사의 시나리오 공모전에 당선되면서 상금 3,000만 원으로 대출금도 갚고 훗날 영화감독으로 탄생하는 계기를 마련하게 된다.

(참고로, 제균이는 신혼여행을 단체여행으로 갔는데

거기서 생긴 재미있는 일들을 소재로 삼아 시나리오를 썼다. 그리고 시나리오를 쓸 당시 법의학관련 책을 읽고 있어서 책에 있는 내용을 가미하여 신혼여행에서 벌어진 살인사건에 관한 이야기를 풀어내었다. 이후 이 시나리오는 차승원이 주연을 맡아 영화로 나오게 된다.)

이렇듯 제균이가 변신을 하게 된 계기는 다름 아닌 극심한 재정고(財政苦) 상태에서 돈이 없이도 할 수 있는 그 무언가를 찾다가 자신의 숨은 능력을 인정받게 되는 경우이다. 즉, 시련을 극복하는 과정에서 자신만의 숨은 보석을 발견한 사례라 할 수 있다.

그리고 또 하나의 사례를 들자면, 제균이와 마찬가지로 같이 고대 경제학과 같은 학번 친구 이정하의 이야기가 떠오른다. 이 친구도 경제학과를 나왔음에도 불구하고 다른 여느 친구들이 가는 길과는 확연히 다른 특이한 길을 걷고 있는 데, 이는 변화의 또 다른 사례를 설명하는 데 좋은 예가 될 것 같다. 정하는 현재 서울시민 교향악단에서 연주가로 활동하고 있고 가끔 지휘도 하며, 얼마 전에는 국립중앙박물관에서 고우오케스트라 정기연주회의 공식 지휘자로 데뷔를 할 정도로 음악인으로서의 길을 걷고 있다. 경제학과 출신으로서 특이하게도 음악인으로 길을 걷고 있으니 커다란 변신을 한 셈이라고 볼 수 있다(최근에는 『구스타프 말러』라는 번역서 1,2권을 출간해서 이 친구의 책을 가까운 서점에 만날 수 있다. 정말 대단한 책이다).

하지만 정하가 어떻게 오케스트라 연주가 겸 지휘자로 탈바꿈 하였을까 라고 곰곰이 생각해 보니 변신 이라기보다는 점진적인 발전이란 말이 더 어울린 다고 생각되었다. 단순히 경력만으로 놓고 보면 큰 변화를 겪은 것 같으나, 사실 정하는 대학교 1학년 때부터 오케스트라 동아리에 가입하면서 첼로연주와 음악에 나름 경험을 쌓게 되었고, 이러한 실력을 바탕으로 평소 조예가 깊은 철학실력을 접목하여 대학교 3학년 때에 동아일보 신춘문예 평론가 부문에 당선되었다. 당시 정하가 평론가로서 등단하게 된 작품 내용이 고전음악을 현상학이라는 철학적 시각으로 분석하는 것이었으니 이 때부터 음악을 해석하는 데 재능을 드러내기 시작하였다. 그리고 대학원에서 서양철학(미학)을 배우고 독일 괴테대학에 유학을 하고 왔으니 자기가 발견한 재능을 더욱 더 갈고 닦을 기회를 가졌다고 할 것이다. 그러니 이 친구의 지금 모습과 이력만 보면 특이해 보일지 모르나 사실은 늦게나마 (대학교 입학 후이기 때문에) 자신이 잘하는 것 그리고 자신이 좋아하는 것을 발견하고서 그 분야에서 차츰 차츰 내공을 쌓아 이룩한 것이라 할 수 있다.

설명하자면, 제균이의 경우는 사람이 변화를 겪게 되는 전형적인 사례로 시련을 겪고 이를 극복하는 과정에서 자신을 발전적으로 변화시킨 경우이고, 정하의 경우는 자신이 좋아하는 분야를 발견하고 이를 지속적으로 발전시킨 변화의 또 다른 사례라 할 수 있으며, 변화라기보다는 점진적인 발전으로 분류되는 경우이다. 그렇다면 영아의 경우는 어떠한가? 영아는 그냥 평범한 학생이나 대기업 직원이었으며 제균이처럼 극심한 재정고로 없었고 정하처럼 점진적으로 자신을 변화시켰다기보다는 단숨에 자신의 전공분야와 직업을 바꿔버린 경우로 매우 사례를 찾아보기 힘든 경우에 해당한다고 볼 수 있다. 사람이란 것이 편하고 안정적인 환경을 버리고 새로운 도전을 한다는 것이 쉽지 않은데 영아는 이런 변화를 여러 차례 시도하고 성공하였으니 과연 영아는 '변신마법사'라 할 수 있다. 영아는 어떻게 이런 변신마법 능력을 가지게 되었을까? 나는 이것을 알아내고 싶은 마음이 점점 불어나고 있었으며, 그래서 영아를 만나 그 마법의 비밀을 알아내고 싶었다.

'이제 영아와 약속한 시간이 거의 다 되었다. 영아를 만나면 꼭 물어 봐야지'.

변신마법과 나무

오랜 만에 만난 영아. 음식점으로 걸어 들어오는 영아는 까만색 원피스를 입고 있었고 표정은 변함없이 밝아 보였다. 다행히 겉모습은 옛날 그대로였다. 물론 춤으로 단련된 몸은 어딘지 모르게 과거보다는 근육에 힘이 있어 보이고 체지방이 좀 더 낮아진 것처럼 느껴졌지만 그것 빼고는 달라진 게 없어 보였다. 나는 그간의 근황을 물었고 영아는 지난 주 대회 참석을 위해 일본에 다녀온 이야기를 해 주었다. 너무 오랜 만에 만나서 그런지 너무나도 궁금한 게 많지만 이제는 영아도 삼십대를 훌쩍 넘어 과거처럼 어린 동생 대하듯이 시시콜콜 자세한 것까지 물어보지 않는 것이 좋다는 생각이 들었다. 그저 오랜만에 만난 영아의 얼굴만 봐도 반갑고 학교 다닐 적 초롱초롱한 모습이 떠올라 내 입가에는 나도 모르게 미소가 피어올랐다.

하지만 내가 누구인가. 궁금한 건 꼭 물어보고 마는 집념의 사나이 아니던가? 이야기가 전개될수록 나는 마음속에 숨겨두었던 궁금했던 질문을 하나씩 끄집어내기 시작하였다.

"영아야, 그런데 생각해 보니 너 그동안 참 여러 가지 한 거 같네. 대기업도 다니고 조그만 제조업체 사장도 해보고 이제 탱고라니. 대단한 거 아니냐?"

"호호, 그런가요? 그러고 보니 여러 가지 하긴 했네요."

"힘들지는 않니? 그렇게 이것저것 하면…"

"힘들기는 한데, 다 내가 좋아서 한 거라서 견딜 만해요."

"세상 사람들도 자기가 하고 싶은 거 하면서 살고 새로운 도전도 해보고 싶어 하긴 해. 하지만 대부분 그러질 못하잖아. 근데 넌 그렇게 했고. 기존에 하던 일을 버리고 새로운 분야로 나아가는 게 쉽지는 않거든. 왜냐면 그동안 닦아온 터전을 버리고 새로운 분야로 가면 거기서 다시 처음부터 시작해야 하는데 잘 되리란 보장도 없고 하니까 다들 꺼리지."

"듣고 보니 그렇네요, 오빠. 하지만 전 그런 거 별로 걱정하지 않았던 것 같아요. 물론 걱정은 좀 됐죠. 하지만 그렇다고 내가 굶어 죽지는 않을 거라 생각했어요. 어딜 가나 다 먹고 살수는 있으니까."

이야기는 계속 되었고 나는 다른 것보다도 특히 영아가 새로운 일을 결심 했을 때 바로 그 순간에 어떤 일이 벌어 졌는지를 알아내고 싶었다. 즉, 새로운 결심을 단행했을 때의 상황이나 심경의 변화 같은 거 말이다. 마치 제균이가 마이너스 통장을 부인에게 숨기고 집밖에 나갈 차비조차 없이 끙끙 앓다가 돈 없이 할 수 있는 것을 찾아보자고 결심한 바로 그런 변화의 순간 같은 거 말이다. 그래서 나는 그런 순간이 있었는지, 있었다면 그게 언제였는지, 그 때 상황을 묘사해 주길 바랐던 것이다. 그래서 나의 질문은 점점 그런 쪽으로 포커스를 맞춰 나갔다.

"영아야, 여자들이 보통 큰 결심을 할 때는 어떤 모습들이냐 하면, 거울 속의 자신을 모습을 멍하니 쳐다보고 있다가 순간 자기 모습이 무척 처량해 보인다거나 밉게 보인다고 느끼고 이제는 자기가 예전 모습과는 달라져야지, 다른 삶을 살아야지 하면서 무언가를 결심하고 그러잖아. 너도 그런 식으로 새로운 일을 하기 전에, 말하자면 선택의 순간에 어떤 결심 같은 거를 하거나 아니면 선택을 위한 갈등을 하거나 하는 그런 순간이 있지 않았니?"

나의 질문에 영아의 답변은 의외로 빨랐고, 그리고 명확했다.

"아뇨. 난 그런 거 거의 없었어요. 그냥 평소 내가 하고 싶어 했던 것을 한 것 뿐이에요."

영아의 대답은 사실 내게는 의외였다. 그렇게 많은 변신을 하였다면 그 중 어느 한 번 쯤은 심하게 고민하거나 머리 싸매고 갈등한 적이 틀림없이 있을 거라고 나는 생각했기 때문이었다. 물론 외국으로 탱고 유학을 떠날 때 유학비가 없어 아버지에게 돈을 요구했는데 아버지의 반대가 심해 유학추진에 어려움이 있기도 하였지만 그리 큰 문제는 되질 않았다고 한다.

영아와 나는 선택의 시점에 벌어졌던 일들에 대해 질문과 대답을 이어갔고 이야기를 계속 나누면서 나는 변신마법사 영아가 그러한 쉽지 않은 선택의 시점에서 어떤 마음가짐을 가졌고 변화의 두려움을 어떻게 극복하였는지 어느 정도 이해할 수 있었다. 그리고 영아가 그러한 새로운 길로 가는 선택의 기로에서 가졌던 생각을 단적으로 나타내 주는 말은 다음과 같은 것이었다.

"오빠, 왜 그런 거 있자나요. 내가 기독교는 아니지만 성경에 보면, 들판의 풀이나 새들도 신들이 다 먹여 살리는데 걱정할 필요가 뭐 있겠냐고 하는 그런 말. 나는 그 말을 믿어요. 그리고 난 종교는 없지만 세상에 신이 존재한다고 믿고 신이 돌보는 세상은 내가 먹고 사는 것쯤은 문제없게 해 주리라는 생각해요."

사실 나는 영아가 이런 식으로 대답하리라곤 생각지도 못했기 때문에 적지 않게 당황했었다. 왜냐하면, 나는 영아가 교회 같은 데 다니는 걸 보질 못했고, 특히,

뇌호흡 배우러 다닐 때부터 이 아이가 불교 쪽과 좀 가까운 종교관을 가지고 있지 않나 생각했었기 때문이었다. 그리고 특히 난 영아가 성경이나 신에 대해 이야기를 하는 것도 난생 처음 들었다. 하지만 영아는 신이 자신의 먹거리 정도는 책임져 주니 그 문제는 고민하지 말자라는 그 흔하디흔한 생각을 참으로 흔하지 않게 '실천'하며 살고 있었고 그러한 믿음이 있었기에 남들은 새로운 일을 시작할 때 불필요(?)하게 시간을 낭비하는 선택에 대한 고민을 떨쳐 버리고 스스럼없이 도전하고 힘차게 앞으로 나아갔던 것이다. 그리고 결국은 그러한 영아가 옳았고 승리하였고, 그러한 믿음 없이 불안했던 우리는 인생을 불평만 하며 하던 일을 계속하고 있는 것이었다.

그렇게 나는 오랜 만에 영아와 점심을 먹고선 차를 몰고 집으로 돌아 왔다. 그리고는 주중에 처리 못한 몇 가지 일을 하기 위해 집 가까이 있는 회사 사무실로 갔다. 사무실에는 주말인데도 꿋꿋이 사무실을 지키는 박종인 팀장님이 계셨고 전쟁이나 난 것처럼 여기저기 전화를 걸고 부산한 모습을 보였다. '쯧쯧, 주말인데도 쉬지도 못하는 불쌍한 우리 거래소 사람들!' 9.15 정전이후 우리 기관은 365일 밤낮으로 전쟁통이나 다름이 없다. 그런데 우리만 그러랴. 대한민국의 대부분 직장인들은 밤낮으로 일에 치어 시간 가는 줄도 모르고 그렇게 살다가 늙어 가는 걸. 허기야 직장을 구하지 못해 좌절하는 사람들보단 행복할 테지만 말이다.

일을 마무리하고 나는 사무실을 나와 회사 정원을 산책하였다. 그리고는 아름드리 큰 나무 옆에 걸터앉아 저 멀리 코엑스 정문위로 피어오르는 뭉게구름을 멍하니 쳐다보았다. 그리고는 주말에도 나와 바삐 일하는 회사원들과 그들의 마음에 대해 생각하였다. 대부분의 직장인들은 자신을 크게 변화시키기를 갈망하고 있다. 이러한 갈망은 번듯한 직장을 다니는 사람들이라고 해서 더 적은 것은 아니며 많은 사람들의 마음속에 자리 잡은 욕심 같은 것이 아닐까 생각된다.

사람이란 것이 참 간사하다. 어느 정도 성장해서 자리를 잡고 나면 대부분 그걸로 만족을 못한다. 뭔가 색다른 이력을 갖고 싶은 열망이 솟아난다. 그래서 서울대 다니는 교수가 권투선수를 꿈꾸거나, 가수나 연애인이 되고 싶어 하는 경우도 자주 있다. 한편 연애인들이 컴퓨터를 배우거나 영어회화에 능통하거나 대학교 박사과정에 등록하면 TV에서는 화재거리가 되며, 우리는 또 그런 사람을 대단하게 여기며 부러워한다. 하지만 우리는 제균이처럼 시련을 겪으면서 이룩한 변화 말고 시련과 고통은 없이 자신이 바라는 모습대로 신나고 즐겁게 하는 그런 변화를 원한다. 마치 탱고계의 별이 된 영아처럼 자신이 원하는 바를 이룩한 그런 변신 말이다. 즉, 우리는 변신마법을 갈망하고 있다. 하지만 현실에서의 사람들은 극히 일부만 변신에 성공하고 대부분은 그 꿈을 가슴에만 간직한 채 살아가고 있다.

나는 나무에 기대어 점심 때 영아와 나눴던 이야기를 다시금 떠 올려 보았다. '아! 영아는 되고 왜 우리는 안 되는 것일까? 영아는 되고 왜 우리는 안 되는 것일까?' 신데렐라에 나오는 요정이 썼던 '디비디 바비디 부'라는 변신 주문처럼 영아만이 가진 마법의 요체는 무엇일까? 오후 내내 나는 잔디밭에 누워 변신마법에 대해 골몰 했다. 그리고 늦은 오후, 코엑스 건물 위에서부터 뻗어 나오는 붉은 햇살이 옆에 서있는 나무의 머리카락을 흩날릴 때, 순간 내 머릿속에는 그 나무 같이 커다란 또 하나의 나무 모습이 진하게 새겨지고 있었다.

"그래, 나무야. 나무."

나는 짧게 이렇게 외쳤다.

그렇다. 사람이 변하려면 나무가 되어야 한다. 땅속에 뿌리를 단단히 박고 서 있는 저 나무처럼 말이다. 사람들이 변화하는 방식은 각기 다르고 천차만별이지만 자신이 바라는 바대로 자유자재로 변신하는 능력은 단단히 뿌리를 박은 나무처럼, 자신이 먹고 사는 것은 신이 알아서 해 주겠지 하는 그런 단단한 믿음에서 나 온다는 것이다. 그래서 침묵의 마법사 예수님도 열 두 제자들의 변신을 위해 그렇게 '믿음'을 피터지게 외쳤고 루마니아의 범브란트 목사님 앞에 나타나신 하나님도 두려워 말라는 믿음을 강조하셨다. 변화를 위해서는 단단한 믿음이 필요하다? 어찌 보면 상당히 역설적인 것 같아 보이는데, 세계적으로 머리 좋고 창의력이 뛰어난 유대인도 생각해 보면 강한 믿음의 신앙을 가졌고, 조상들에 대한 족보, 즉 자신의 뿌리를 중요시 하는 것이 마치 반석위에 지은 집이라야 멋지고 높은 건물을 쌓아 올릴 수 있는 것과 같은 원리를 보여 주는 것 같았다.

그렇다. 내 아이가 커서 자기가 원하는 삶을 자유롭고 멋지게 살게 하려면 아버지로서 "너 공부 못 하면 하늘대학 못 간다!"라는 불안 조성의 훈계는 별로 좋지 않을 것 같다. 그 보다는 "너에게 내가 있으니 돈 걱정 말고 너 하고 싶은 거 마음대로 해! 니 옆엔 언제나 응원하는 우리가 있어!"라는 믿음과 안정감을 주는 격려가 훨씬 나은 것이다. 물론 실제로 내 통장에 잔고는 그리

많지 않지만 말이다.

　이런 생각을 하다 보니 우리 어머니가 나에게 공부하라는 말을 한 번도 하지 않은 것도 참으로 고마운 일이라는 생각이 들었다. 아, 이런 걸 이렇게 늦게야 깨닫다니. 아니, 그런데 우리 엄마도 변신마법의 비밀을 이미 알고 있었던 걸까? 허허.

　그리고 곰곰이 생각해 보니 내가 학교 다닐 때 주로 사용했던 결부법. 내가 고려대와 서울대를 입학할 수 있도록 해 준 원동력인 그 결부법이라는 것도 모두가 나무와 많이 닮아 있는 것 같다. 나와 가족, 우리 집, 우리 집 주변의 사물들과 연결시켜 암기하던 내 모습은 마치 뿌리를 땅에 박고 줄기와 가지를 하나씩 뻗어가는 나무의 모습 그대로 인 것이다.

　또한 국화와 이야기 하던 내 모습, 나무와 이야기 하던 와룡선생, 나무도 감정이 있고 사람을 알아본다고 했던 진주동명고 지리선생님의 모습에서도 모두 모두 나무 냄새가 폴폴 나는 것 아닌가. '정말 나무스런 모습들이네 정말' 나는 이런 생각을 하면서 천천히 집으로 걸어갔다. 그리고 내 머리 속에는 그날 내내 나무의 형상이 맴돌았고 잠자리에 들었을 때에도 커다란 느티나무가 머리위에 둥둥 떠 있었다.

그 다음 날부터는 나는 길을 갈 때나 어디서나 나무가 있으면 나무를 쓰다듬거나 반가운 인사를 하고 지나가는 괴짜같은 습관이 생겨 버렸다. 그리고 시간 여유가 조금이라도 생길라 치면 내 앞에 있는 나무와 이야기를 한다. "너 참 멋지게 자랐구나"라는 인사를 시작으로 말이다. 그리고 참 다행인 것이 옛날이라면 이런 내 모습을 보고 지나가는 사람들이 나를 정신 나간 인간으로 이상하게 생각했겠지만 요즘은 이어폰으로 전화통화를 하는 사람이 많아졌기 때문에 이어폰만 꼽고 있으면 아무도 나를 이상하게 바라보지 않는다는 점이다. '저 사람 핸드폰 통화하는 모양이군'이라고 여길 테니 말이다.

아무튼 나무와 더 가까워졌다는 것은 참으로 행복한 일이다. 그야말로 그 이전에는 세상이 죽어있는 것처럼 여겨졌는데 이제 나무와 친해지니 주변이 모두 내 친구로 가득 찬 느낌이다. 아침 출근길에 만나는 나무도, 길을 걸을 때 옆에 줄지어 서 있는 나무도, 점심을 먹고 휴식을 취할 때 내게 그늘을 드리워 주는 나무도 모두가 나에게 좋은 기운을 주고받는 살아 꿈틀대는 존재이니까 말이다.

풀지 못한 변신마법의 비밀

그 날 이후 나는 영아의 변신마법에 대해 많은 사람들과 이야기를 해 보고 의견을 구해 보았다. 그런데 나무와 같은 강한 믿음이 변신을 위한 큰 힘이 되었다는 논리에 수긍하지 못하는 사람들이 상당히 많았다. 그리고 이야기를 하다 보니 나 자신도 영아가 변신을 이루어 낼 때까지 즉, 강한 믿음이 진정한 변신으로 열매를 맺을 때까지 그 중간 과정에 무엇인가 특별한 요소 (노하우나 능력, 에너지 등)가 작용하였을 것 같다는 의문이 들었다. 그런데 이 의문에 대해서 아직까지 나는 뚜렷한 답을 찾지 못하였다. 모든 의문이 하루아침에 간단히 풀린 수는 없는 법이니 어쩔 수 없는 노릇이다. 정말로 믿음이 가장 큰 작용을 한 것이고 별도의 특별한 요소가 없었던 것인지 나는 쉽게 결론내릴 수 없었다.

여러분의 생각은 어떠한가. 자신을 크게 변화시키거나 도약시키기 위해서 무엇이 가장 중요한 요소일까? 이 의문은 내가 이 책을 읽은 독자들에게 넘겨주는 선물이다.

책이 나오기까지의 여정

사람에 대한 강한 의문을 안겨 준 용욱이

　　경상남도 삼천포시 용강동. 내가 어릴 때 뛰 놀던 고향이다. 저 멀리 남해 바다 수평선이 훤히 내다보이고, 동네를 가득 메운 논두렁과 밭두렁들이 옹기종기 모여 있는 집들의 옆구리를 비집고 들어오는 듯 어지러이 펼쳐져 있는 풍경이 한 없이 사랑스럽던 그 곳. 나는 거기서 나고 자랐다. 동네에는 내 또래의 남자아이가 오직 한 명이 뿐 이었는데, 바로 서울에서 이사를 온 용욱이였다. 용욱이는 자기가 서울 압구정동에서 왔다고 했는데, 당시 우리는 그런 동네가 어떻게 생겨 먹은 건지 전혀 알지 못했고 그저 내 친구의 고향 동네라고만 생각했다. 그리고 동네에 또래 친구들이 별로 없었기에 나는 학교 갔다 돌아오면 거의 매일 용욱이네 집 앞으로 가서 "용욱아, 놀자~"라고 외쳤던 기억이 생생하다.

　　친구 용욱이는 머리가 좋고 똑똑한 아이였으며, 커서 물리학자가 되는 게 꿈이었는데 내가 보기에는 어릴 때부터 벌써 물리학자가 다된

듯 과학에 대해 대단히 박식하였다. 그리고 웅변에도 탁월한 소질이 있어 대회마다 1등을 차지하곤 하였다. 하지만 나는 그런 것 말고 용욱이를 생각하면 늘 떠오르는 단어가 있었다. 그것은 바로 다름 아닌 '눈(Eye)'이다. 용욱이는 남들과 달리 특이하게 반짝이는 눈을 가졌었다. 그리고 눈동자는 보석처럼 미세하게 떨리는 듯 초롱거렸는데 나는 그것이 너무나 신기하여 용욱이와 있을 때면 늘 눈을 바라보는 것을 좋아했다. 보통의 경우는 누구의 눈을 빤히 쳐다보는 것이 부담스러워 그러지 않지만 용욱이의 눈에는 뭔가 특별한 게 있다고 생각하고 내 시선은 언제나 그의 눈에 꽂혀 있었다. 그래서 난 형에게 이렇게 말하곤 했다.

"형, 용욱이 눈, 이상하지 않아? 반짝거려."

이렇게 말하면 형은 뭐가 이상하냐며 다른 사람들과 똑 같다는 것이다. 나는 이런 이야기를 주변 친구들에게도 몇 번 해 보았는데 다들 "잘 모르겠다."라는 답변 뿐 이었다. 정말로 희한한 일이다. 내가 보기엔 특별한 눈을 가진 이상한 아이인데 왜 사람들은 몰라볼까? 당시 나는 용욱이를 볼 때마다 이러한 궁금증을 늘 생겼다. 그래서 어느 날 용욱이에게 직접 그걸 물어 본 적도 있다.

"야, 너 눈 정말 이상해! 빛이나."

"......"

하지만 용욱이는 아무 대답이 없었다. 아마도 워낙 황당한 질문을 갑자기 해서 그랬을 것이다. 그것도 한참을 같이 잘 놀다가 말이다.

나와 단짝이었던 용욱이는 중학생이 되자 다시 서울로 전학을 갔고 그 이후로는 연락이 끊어 졌다. 나는 그 이후 여러 번 용욱이의 연락처를 알아보려고 수소문 하여 보았으나 통 연락처를 알아 낼 수 없었다. 용욱이가 틀림없이 물리학과에 입학했을 거라 생각한 나는 카이스트나 서울대 등 각 대학 물리학과 사무실에 전화를 걸어 용욱이란 학생이 있는 지 찾아보았는데 어디에도 용욱이란 이름은 없었다. '틀림없이 물리학과에 입학했을 텐데, 참 이상하네…' 시골에서 서울로 대학을 다니러 올라와서 서울에 특별한 친척이나 연고가 없는 나는 한 번씩 문뜩 문뜩 용욱이가 어디 있을까 늘 궁금하였다. 서울 하늘 어딘가에는 살고 있을 텐데 말이다.

　그리고 아마도 생각보다 가까운 곳에 살고 있을 지도 모른다는 생각을 하니 나는 다시금 그 반짝이던 눈이 계속 떠올랐다. 내 생각에는 용욱이의 눈은 아마도 어머니를 많이 닮은 것이다. 용욱이의 어머니는 참으로도 인자하고 자애로운 스타일을 가지신 분이였는데, 만날 때마다 늘 시선을 한쪽 방향으로 그리고 약 45도 아래의 땅을 쳐다보며 미소를 머금고 계셨다. 그래서 언젠가는 용욱이 엄마가 바라보는 한 쪽 발 앞에 뭔가 있나 해서 나도 같이 내려다 본 적도 있었다. 하지만 나는 땅바닥에서 아무것도 발견할 수 없었다. 그래서 나는 이런 생각을 했다 '용욱이 엄마는 왜 저렇게 늘 마치 꽃밭을 바라보는 것과 같은 표정으로 저러고 계실까? 뭔가 행복한 일이 있는 건가?'라고 말이다. 그런데 마찬가지로 용욱이도 사람들과 이야기 할 때나 생각할 때 시선을 약간 옆쪽으로 하며 약 45도 아래로 쳐다보는 습관이 있다. 쳐다보는 각도가 거의 비슷한 것이다. 그래서 나는 '용욱이 어머니도 젊었을 때에는 용욱이처럼 눈이 반짝거렸을 거야'라고 생각하곤 했다.

아무튼 서울에 올라온 나는 용욱이를 한 동안 찾지 못하였는데, 회사에 취직을 하고 한 아이의 아빠가 되었을 무렵에야 우연히 용욱이의 소재를 파악할 수 있었다. 알고 보니 용욱이는 고등학교를 졸업 후 어릴 적 꿈대로 카이스트 물리학과에 입학하였으나 우리나라에서는 물리학자가 돈 걱정 없이 마음 놓고 연구할 수 있게 뒷받침을 해줄 수 있는 환경이 부족하다는 현실을 알고 대학교 1학년 때 물리학과를 중퇴를 하고 그 다음해에 서울대 의대에 입학하였고 서울대학교 병원에서 근무하고 있었다(몇 년 후 용욱이는 서울대의대 전임교수를 거쳐 서울 아산병원 정신과 의사로 가게 된다).

20년 만에 용욱이를 만난 나는 아니나 다를까 제일 먼저 그의 눈을 쳐다보았다. 옛날 그대로인지 아직도 반짝이고 있는지 말이다. 그 빛깔과 시선은 그대로 인지 아닌지 궁금했기 때문에 말이다. 하지만 아쉽게도 그 눈의 밝기는 어릴 때보다 확연히 감소해져 있었다. 어쩌면 최근 교수가 되기 위해 워낙 밤낮으로 고생하다보니 피곤에 절어서 그럴 수도, 아니면 어제 저녁에 술을 너무 많이 마셨을 수도 있을 것이지만 확실한 것은 아쉽게도 어릴 적에 반짝였던 그 눈은 아니었다는 것이다. 그렇지만 한편으로 위안이 되는 건 용욱이의 눈은 누구보다 멋있고 아름다운 모양을 띠고 있다는 것이다. 그리고 그의 눈은 이제는 왠지 그 어머니의 눈을 조금 더 닮아 푸근하고 인자해 보였고 표정도 어릴 적 내가 봤던 어머니처럼 평화로워 졌다는 점이다. 생각해보니 사람이 어른이 되어서 어린 아이의 눈을 그대로 간직하고 있을 거라 기대했던 내가 잘못인 것이었다. 아무려면 어떤가? 여전히 용욱이는 그 옛날 삼천포의 논두렁을 나와 같이 뛰어놀던 때처럼 친한 내 친구로 남아 있으니 말이다.

이렇듯 용욱이를 20년 만에 만난 후 나는 눈에 대해 공부하며 모아둔 자료들을 모아 책을 쓰기로 작정하였다. 제목은 '친구의 눈'으로 하고 말이다. 나는 그간 틈날 때마다 눈에 관한 여러 문헌 즉 홍체학(Iridology)이나 관상학 등에 관한 자료를 살펴보았고, 주변의 특이한 눈을 가진 지인들의 성격과 특성들도 기록해 두었다. 그래서 이에 대해 책을 써보면 재미있을 것 같다는 생각을 한 것이다. 하지만 아쉽게도 여러 번 이사를 하면서 나는 적어 두었던 기록을 그만 분실하게 되고 또한 갑자기 어머니가 뇌출혈로 중환자실에서 사경을 헤매고 계셨기 때문에 책을 쓰는 것을 그만두기로 결심 하였다.

하지만 이렇듯 용욱이로부터 시작된 주변 사람들에 대한 호기심과

탐구심은 그 이후에도 사라지지 않아서 주변 친구들의 성공담과 그 사람의 평소 특성이나 성격, 어릴 적 이야기 등 그리고 이들 서로간의 상관관계에 대한 분석 등에 많은 시간을 쏟았다. 이러한 과정 속에서 나는 내 자신이 사람들의 특성과 그들의 특별함을 찾아내는 데에 늘 관심이 많았다는 사실을 인정하게 되었다. 그래서 이로부터 내 주변에서 다른 사람보다 특별한 그 무엇이 있는 사람에 관한 이야기를 기록하고 그 중 어느 정도 교육적인 것만 추려서 책으로 엮어봐야겠다는 결심을 하게 된다.

글을 쓰기 시작하니 살아오면서 만났던 수많은 공부고수들의 얼굴이 다시금 떠올라 새삼 과거의 추억에 잠길 수 있는 기회가 되었다. 하지만 단지 공부를 잘 했다고 해서 우리에게 교훈을 주거나 다른 사람에게 적용할 노하우가 있는 경우는 상당히 드물었다. 나는 진주 동명고등학교를 다녔고 같은 반 친구 중에 서울 법대와 경영학과만 다섯 명이 갔으니 이들만 해도 충분히 책의 소재거리가 될 것 같았다. 특히 우리반 1등이자 전국1등을 하였고 TV장학퀴즈에서도 나간 적 있던 배성진(지금은 법무법인 지평의 파터너 변호사이다)이는 내가 가장 처음 관심을 가졌는데, 이 녀석은 아무리 찾아봐도 머리가 좋고 공부를 잘 했다는 것 외에는 별달리 특이한 점을 찾아볼 수 없었다. 성진이 외에도 신림9동 고시촌에서 친하게 진했던 서울법대 친구들, 서울대 행정대학원 시절 만났던 교수님과 대학원 후배들, 고려대학 재학시절 만난 선후배들, 그리고 회사 생활을 하며 직간접적으로 만난 지인들이 나에게는 모두 소중한 책의 소재가 될 수 있었다. 하지만 사람이란 것이 자신의 진면목을 잘 드러내지 않는 경우가 많고 설령 드러내더라도 한 사람을 깊게 파고들어 분석하고 성찰하는 데에는 상당히 오랜 시간과 노력이 소요되기 때문에 실제 소재로 삼아 글로 담아내는 데에는 한계가 있었다. 그러니까 이 책에서 소개된 인물들은 내가 검토한 인물들 중의 십분의 일 아니 백분의 일정도 밖에 되지 않는다고 볼 수 있다.

그리고 처음부터 내가 쓴 글을 책으로 출간하려 한 것은 아니었다. 처음에는 이 글을 내 자식에게 전수하여 유언처럼 삼아야겠다는 마음만 있었다. 하지만 글을 쓰다 보니 주변 누군가가 자식에게만 보여줄 것이 아니라 책으로 펴내는 것이 더 좋을 것 같다는 충고를 하였고 나는 그 충고를 받아들여 이 책을 출간하게 되었다. 특히, 존경하는 전력거래소 남호기 이사장님의 격려와 이사장님이 펴낸 『박수』라는 책은 이 책을 출간하는 데 가장 직접적인 영향을 주었고 내게 큰 용기가 되었다. 이사장님께 다시 한 번 감사의 말을 전하고 싶다.

이 책의 기술 방식

나는 책을 기술함에 있어서 실제로 주변 지인들의 말을 거의 100% 있는 그대로 사실대로 쓰려고 하였으며, 중요한 시점의 상황에 대해서는 최대한 자세하게 설명하려고 노력하였다. 또한, 되도록 어린 청소년들도 쉽게 읽고 이해할 수 있도록 쉬운 표현을 쓰고 전문용어는 최대한 자제하였다.

이 책은 유엔 사무총장이나 하버드 수석 합격생의 이야기가 아니라 평범하지만 공부 잘하는 우리 주변의 흔한 친구들의 진솔한 이야기를 있는 그대로 전달하는 방식을 택했기 때문에 자칫 책에서 사용하는 문장이나 문구가 수려하지 못하고 투박하게 보일 수 도 있을 것이다. 하지만 이는 좀 더 부족한 자, 좀 더 낮은 자들을 위한 배려에서 그리한 것이기 때문에 너그러이 이해해 주기 바란다.

※이 책은 대부분 저자의 학교 친구나 선배, 친척들의 이야기로서 실명을 있는 그대로 기술하였으나 〈언어의 마법사〉에서 윤준필 씨의 경우는 사생활 보호를 위해 가명을 사용하였다.

내 아이에게 꼭 들려주고 싶은 이야기
공부마법사

초판1쇄 발행 | 2014년 10월 1일

지은이 | 강지훈
발행인 | 송민지
발행처 | (주)피그마리온

기획편집 | 이선영
디자인 | 권은혜, 박선미
일러스트 | 조서아
마케팅 | 한창수

등록번호 | 제313-2011-71호
등록일자 | 2009년 1월 9일
펴낸곳 | (주)피그마리온
주　소 | 121-840 서울특별시 마포구 서교동 395-7번지 2층
전　화 | (02)516-3923
팩　스 | (02)516-3921
홈페이지 | www.pygmalion-design.com
이메일 | wishwet@naver.com

ISBN 979-11-85831-03-9
값 14,000원

*잘못 만들어진 책은 구입하신 서점에서 교환해 드립니다.